Amadou N'Golo Coulibaly

La citation selon la situation Tome IX

Amadou N'Golo Coulibaly

La citation selon la situation Tome IX

La citation selon la situation est une compilation de citations thématiques basées sur la réalité sociale

Éditions Vie

Imprint

Cover image: www.ingimage.com

Publisher:
Éditions Vie
is a trademark of
Dodo Books Indian Ocean Ltd. and OmniScriptum S.R.L publishing group

120 High Road, East Finchley, London, N2 9ED, United Kingdom
Str. Armeneasca 28/1, office 1, Chisinau MD-2012, Republic of Moldova, Europe
Printed at: see last page
ISBN: 978-613-9-59475-7

La citation selon la situation

TOME IX

Téléphone : +22379186226 /+22362719431

E-MAIL :amadoucoulibalibaly@gmail.com

AUTEUR : Amadou N'Golo Coulibaly

Avant-propos

Le présent ouvrage intitulé la citation selon la citation Tome VIV est conçu pour répondre au besoin de consolidation de la condition de vie humaine dans la société en s'appuyant fondamentalement sur la compréhension matérielle et immatérielle de l'implication de l'individu dans le temps et l'espace dans le souci de garantir son intérêt vital. La marge de l'adage se compose d'un ensemble thématique de citations reparties selon les différentes circonstances de la vie sociale allant de la connaissance à l'ignorance passant par l'intelligence et l'inintelligence en somme le présent œuvre contribue de façon à ce que la lumière soit faite au mieux sur l'existence humaine tout en dissociant le bien du mal en vue d'apporter à l'individu ce qui lui convient à la différence de ce qui ne l'est pas dans la période comprise entre la vie et la mort nous reconnaissons dans ce sens la dimension philosophique hautement idéologique à laquelle se réfère le contenu du document en question qui est destinée à faire un diagnostic éclairé de l'engagement de l'individu à travers le jugement propre à celui-ci sur la société de même que son fonctionnement en plus d'une détermination plus éclairée de celle de la société ainsi que son impact sur ce dernier dans un troisième lieu la marge de l'adage cherche à situer la place de la réalité entre la perception que nous faisions les uns des autres ; par rapport au processus de recherche d'acquisition de même que de la préservation de nos intérêts dans une dimension contradictoire des idées, de philosophies diverses qui nous animent nous humains de façon évolutive selon les différentes circonstances de la vie. La nécessité d'apporter permanemment une réponse adéquate, précise à la préoccupation dont rencontre l'humain est celle qui traduit également le but que se fixe la marge de l'adage dans une ambition littéraire de pénétrer dans la profondeur des problèmes sociaux qui traduisissent en somme la solution et le problème dans la représentation temporaire et circonstancielle de la philosophie humaine il s'agit de susciter chez l'humain le goût de l'apprentissage de l'autoformation à travers des interrogations détaillées susceptibles de soulever l'appétit intellectuel favorable de même que de la consolider pour promouvoir la réussite de ce dernier. À travers la méthodologie philosophique qu'use la marge de l'adage, le rôle de la connaissance est central par rapport à la dissociation de la productivité de l'improductivité de la pensée humaine dans la société en complicité ou en adversité avec la raison, en se voulant une contribution sérieuse non pas une appréciation sans reproche de l'orientation de la philosophie ambitieuse la marge de l'adage incite toujours à suivre le gage de l'instruction constante pour mieux favoriser la stabilité de l'existence générale en appelant l'ensemble à s'impliquer fortement afin de promouvoir l'équilibre général à grande échelle justement c'est derrière un souci éclairé de l'élargissement du capital intellectuel humain que la marge de l'adage s'engage en termes de contribution généreuse faire comprendre par l'individu que seul le jugement de la raison prime en vue de s'assurer le bonheur existentiel si toutefois il a foi en l'objectivité méthodologique comme la finalité de la réussite lucide de même rappelle toujours l'impérieuse nécessité de s'adonner constamment à la recherche de la connaissance pour l'éternité.

CHAPITRE I

TITRE DE NIVEAU I

L'individu et l'imagination dans la société : La connaissance et l'ignorance, le problème et la solution, l'intelligence et l'inintelligence, la compréhension et l'incompréhension, l'imagination et l'illusion, la réussite et l'échec, la chance et la malchance, le mal et le bien, la puissance et l'impuissance, la joie et la colère, la vie et la mort.

TITRE DE NIVEAU II

L'individu et l'imagination dans la société : L'amour et le désamour, la fidélité et l'infidélité, la compréhension et l'incompréhension, le travail et le chômage, la paix et la guerre.

TABLES DE MATIERES

Avant-propos 3
CHAPITRE I 5
TITRE DE NIVEAU I 5
TITRE DE NIVEAU II 5

CHAPITRE I

TITRE DE NIVEAU I 7
LA CONNAISSANCE ET L'IGNORANCE 8
LE PROBLEME ET LA SOLUTION 11
L'INTELLIGENCE ET L'ININTELLIGENCE 13
LA COMPREHENSION ET L'INCOMPREHENSION 16
L'IMAGINATION ET L'ILLUSION 18
LA REUSSITE ET L'ECHEC 21
LA CHANCE ET LA MALCHANCE 24
LE BIEN ET LE MAL 26
LA PUISSANCE ET L'IMPUISSANCE 29
LA JOIE ET LA COLERE 32
LA VIE ET LA MORT 35

CHAPITRE II38

TITRE DE NIVEAU II 38
L'AMOUR ET LE DESAMOUR 39
LA FIDELITE ET L'INFIDELITE 42
LA COMPREHENSION ET L'INCOMPREHENSION 45
LE TRAVAIL ET LE CHOMAGE 47
LA PAIX ET LA GUERRE 50

CHAPITRE I

TITRE DE NIVEAU I

LA CONNAISSANCE ET L'IGNORANCE

«Pour tout savoir sachons d'abord que tout n'est pas à savoir, dans la connaissance tout pour soi c'est justement qu'il nous faut pour ne pas virer dans le faux pour rester droit» (Toute la connaissance sur la connaissance est qu'on ne peut pas avoir toutes les connaissances en tant qu'individu imparfait). «Pour la cause de l'évident le savant est forcément partant à moins qu'il n'ignore ce que c'est que savoir ? Le savoir de la victoire c'est exclusivement évidemment comme directoire» (Quand le savant tient bien il ne s'oppose pas à la cause de la connaissance sous toutes ses formes). «C'est parce que le connaisseur n'est pas la lumière voilà pourquoi la lumière fait le connaisseur nous comprenons ainsi dans ce sens pourquoi il peut se tromper de connaissance si toutefois seule la connaissance ne se trompe pas de connaissance» (Dans la mesure où le connaisseur n'est pas la lumière certainement qu'il peut se tromper la concernant). «Quoi de plus que la lumière pour vivre meilleur pour celui qui tient droit en s'éloignant de n'importe quoi» (Quand nous nous éloignons de n'importe quoi nous tenons bien dans notre positionnement dans la vie). «Aussi longtemps qu'il n'y aura pas de malchance dans l'évidence il n'y en aura pas dans la connaissance avec l'intelligence» (A jamais l'évidence n'apportera pas de malchance dans le sens). «Savant ou intelligent ce qui est sûr on est intransigeant face à l'évidence car nous nous retrouvons derrière la manière de la lumière» (La lumière détermine le propre de l'individu savant ainsi que de celui intelligent ainsi la connaissance est le passage obligé pour vivre l'intelligence). «L'intelligence qui se passe de la connaissance est sûrement une intelligence qui s'ignore par conséquent demeure l'intelligence de l'insuffisance, même jugée à tort l'intelligence reste la même qui n'est jamais à même sans l'apport de la connaissance vouloir dissocier la connaissance de l'intelligence c'est se tromper de vouloir» (Nous ne pouvons nullement pas dissocier l'intelligence de la connaissance une fois lucide de jugement l'intelligence jugée à tort ou à raison reste la même venant de la raison). «Rien de précis ne se dit sur la connaissance à l'insu de la connaissance car seule la connaissance situe la connaissance, dire pour dédire c'est dire du délire certainement si la connaissance n'est pas ce qu'on pense c'est qu'on ne peut nullement pas imposer sa volonté à la sienne sachant que même jugée à tort elle ne change pas» (La connaissance ne change nullement pas quel qu'en soit son orientation en réalité). «Quand il pense celui qui ne sait pas ce qui se passe c'est que nullement rien ne se passe à part ce qu'il ne souhaite pas voir passer je cite tout passera comme il ne le pense pas celui qui ne pense pas ce qui se passe» (L'erreur de calcul mène à celle du résultat ainsi celui qui se trompe de connaissance se trompe d'espérance dans l'existence). «Il n'y a pas de bon moment pour ignorer si toutefois il n'y a pas de mauvais moment pour connaitre» (Aussi longtemps que la connaissance ne sera pas l'égale de l'ignorance on aura besoin de connaitre). « Salutaire et nécessaire vivement la connaissance est élémentaire » (Dans la vie le rôle de la connaissance est bien saillant dans le cadre de la stabilisation de l'individu). « C'est parce qu'elle est claire que la connaissance est nécessaire » (La clarté de la connaissance illustre sa nécessité). « Quand nous sommes limités de connaissance c'est qu'on est réellement limité, ne pas savoir nous ferme la porte de la victoire si toutefois il est utile de savoir pour prospérer » (L'ignorance traduit la limite de l'individu par rapport à la connaissance). « Contre l'ignorance rien n'est plus utile que la pertinence » (La pertinence est la seule voie nécessaire à canaliser le mal). « Le combat contre l'ignorance est le combat de l'existence car renforce la connaissance en l'humain » (La guerre est importante et nécessaire à pérenniser par rapport à la stabilité de la vie humaine). « La vie de la connaissance est la vie de l'espérance toute vie réussie passe par une connaissance épanouie » (La connaissance certaine accompagne la réussite de la vie). « La méfiance à l'ignorance se cultive par la culture de la connaissance » (La culture de la connaissance nous permet de bien nous situer sur la nature de la méfiance à faire par rapport à l'ignorance). « Celui qui se trompe de connaissance pense bien que la connaissance lui trompe n'ayant pas connaissance de la connaissance » (N'ayant pas connaissance de la connaissance nous la méprenons à l'ignorance). « La connaissance n'abandonne pas celui qui ne s'abandonne pas en réalité, au juste nous tirons le mieux profit d'une connaissance sagement acquise nous permettant de mieux nous épanouir » (L'épanouissement sincère émane de la connaissance certaine par conséquent elle nous aide plutôt que ne nous accule une fois bien pensée). « L'ignorance ne peut ne pas manquer d'importance dans la mesure où elle s'oppose à l'importance certaine » (L'importance sincère ne se véhicule pas dans l'ignorance). « L'ignorance est trompeuse » (L'ignorance trompe). « Mieux vaut s'éclairer que d'ignorer, si sincèrement ignorer ne fait pas prospérer, il importe dans ce cas de savoir toujours s'investir sagement en vue de réussir sa vie » (L'ignorance n'aide en rien par rapport à la connaissance). « La connaissance c'est la vie, l'exploit, la ressource rare qu'on obtienne après s'être rendu compte de la mort de l'ignorance » (La qualité incapable de l'ignorance qualifiée par sa mort nous permet de connaitre celle hautement vitale de la connaissance). « Derrière chaque cause utile se trouve une connaissance nécessaire car c'est partant logiquement de la lumière de la connaissance que nous parvenions à atteindre la suffisance dans la mesure du possible dans notre façon d'être » (La suffisance dans notre façon d'être demande de bien passer par le canal de la connaissance pour mieux s'équilibrer). « La suffisance de l'ignorance est la suffisance de toutes les nuisances » (La nuisance est dans l'ignorance même si elle se fait passer souvent comme la connaissance). « La connaissance de tous les dangers est la connaissance qui ne s'oppose à aucun danger ce qui déduit le fait que l'ignorance est la connaissance de toutes les nuisances » (L'ignorance est une connaissance mal pensée). « La connaissance de l'ignorance atteste justement l'ignorance de l'ignorance » (L'ignorance de l'ignorance s'exprime partant de sa connaissance). « Non-sens est la connaissance qui n'assure pas l'indépendance » (La connaissance certaine permet à l'individu de se performer en vue d'assurer l'indépendance à laquelle il aspire). « L'ignorance est une menace pour celui qui la situe normalement dans son juste contexte » (L'ignorance placée dans son contexte normal constitue une menace réelle pour l'épanouissement de l'humain).

LE PROBLEME ET LA SOLUTION

« On ne peut ne pas faire face au problème, cependant on peut faire face à son problème intelligemment pour prendre de l'avantage par rapport à l'amélioration de sa condition vitale ; ainsi dans la vie si on n'est pas confronté à tous les problèmes cependant on est confronté à un certain nombre de problème » (La solution s'accompagne du problème en réalité). « C'est ne rien enlever au problème que de penser pouvoir s'élever par le problème, nous renforçons d'autant plus notre obstacle en passant pouvoir le résoudre par un autre obstacle » (L'obstacle ne guérit pas l'obstacle si l'obstacle n'a pas raison sur l'obstacle). « Le problème est une réalité pareillement la solution également en est une autre mais différente raison pour laquelle c'est la compréhension minutieuse du détail qui nous permet de se retrouver par rapport à la capacité de la résolution du défi » (La compréhension du détail est saillant pour pouvoir nous aider à dissocier le problème de la solution). « La solution la meilleure est sans doute celle qui s'oppose à l'erreur ce qui veut justement dire que ce n'est nullement pas l'illusion qui nous mène à la précaution de la solution dans la mesure où on peut se tromper de solution cependant on ne peut pas tromper la solution » (L'individu peut certes se tromper de solution sans pour autant tromper la solution). « Au juste l'illusion est une solution cependant elle n'est pas la solution par rapport à la raison l'illusion n'est pas la solution » (L'illusion abaisse profondément dans l'orientation). « La confiance de la solution procure la suffisance dans l'existence, justement dit c'est seulement la précision qui nous permet de nous renforcer dans la vie générale » (La solution est la confiance nécessaire à la promotion de l'existence). « Tout utile, tout nécessaire » (La solution est bien nécessaire comme repère à l'individu). « La dévotion est dans la solution pour celui qui tient justement à se retrouver dans la vie » (L'orientation de la précision condition la solution). « Le problème de tous les espoirs est justement celui qui s'oppose au désespoir au mieux » (Le problème qui s'oppose au désespoir est une solution pensée peu importe l'appellation qu'on accorde à la solution elle reste la même). « Le combat de tous les jours mène à la solution du juste secours » (La quête de la solution est pour l'éternité autant l'est pour la nécessité de l'amélioration de la qualité de vie humaine). « Celui qui combat à tort s'éloigne de la solution ainsi s'abaisse dans l'illusion » (Le combat de l'espoir ne se fait pas à tort sinon nous nous abaissons). « Dans la maladresse plus on s'abaisse soumis dans la bassesse nous vivons profondément dans le problème » (Le problème nous le vivons en refusant la voie de la sagesse). « La meilleure manière de se défendre est d'abord se comprendre » (La bonne compréhension de soi par l'individu en guise de solution lui permet de réussir sagement). « Comment se fait-il qu'on puisse faire détour à la solution sans vivre le problème ? » (Celui qui fait détour à la solution vit généralement dans le problème). « L'intelligence dans la solution dépend de l'importance dans l'inspiration, mieux l'on apprend plus l'on comprend sagement l'on entreprend ainsi obtenons la solution face aux problèmes de la vie dans la mesure du possible » (La solution passe par la résolution certaine de l'intelligence dans la vie). « Plus c'est intelligent, mieux c'est concordant sagement c'est réconfortant, l'importance est dans la solution qui tient à la précaution du bon sens au mieux nous nous renforçons dans la solution partant de notre appropriation de la raison comme valeur méthodologique » (La raison est la voie appropriée pour permettre à l'individu de bien s'épanouir). « Il arrive dès fois que le problème nous dépasse après qu'on s'est bien surpassé, cela dit nous sommes limités en tant qu'humains imparfaits dans ce sens reconnaitre sa faiblesse et compter si nécessaire sur l'apport de l'autre est aussi et surtout une voie appropriée pour nous permettre de relever les défis dans la mesure du possible » (L'appui de son prochain est souvent nécessaire pour arriver à solutionner les problèmes de la vie). « La confiance du problème est justement celle qui nous mène à l'insuffisance dans l'existence » (La confiance placée sur le problème nous éloigne davantage de la solution dans la vie). « Celui qui se trompe de solution se trompe de problème avec : l'erreur sur la connaissance est pareille à celle de l'ignorance car il faut savoir faire la part des choses pour dissocier la connaissance de l'ignorance » (Le cadre de la différence est bien utile pour faire la part des choses entre la solution et l'ignorance).

L'INTELLIGENCE ET L'ININTELLIGENCE

« La solution au problème se réalise d'une part quand on refuse d'être un problème pour la solution c'est de bonne foi que nous arrivions à solutionner nos problèmes comme il se doit » (L'intelligence certaine recommande la solution au problème de la part de l'individu ainsi il ne doit nullement pas être un frein pour la réalisation de celle-ci). « Plus d'intelligence pour plus d'importance » (L'importance est dans l'intelligence certaine). « Plus c'est intelligent moins c'est décevant, plus c'est intelligent plus c'est rassurant » (L'intelligence est l'assurance dans le sens). « En plus d'être différent l'intelligent est suffisant » (L'intelligence incarne outre la différence la suffisance). « L'intelligence de tous les dangers est justement celle qui ne s'oppose à aucun danger, la valeur sûre de l'intelligence se rapporte à sa suffisance face aux épreuves de la vie » (Notre suffisance face à l'épreuve de la vie passe par l'intelligence dans l'existence). « Rien d'intelligent n'est insultant » (L'intelligence à juste mesure est plus réconfortante qu'insultante). « C'est bien résistant de se faire intelligent » (L'intelligent se fait résistant). « Du temps au temps nous nous forgeons selon le secours de l'intelligence pour qu'on puisse s'épanouir avec suffisance » (On ne peut nullement pas s'épanouir sans passer par le canal de l'intelligence). « N'est pas intelligent qui le veut, tout de l'intelligence se retrouve dans la conscience dans l'existence : l'intelligence en rien ne se forge dans l'inintelligence » (L'intelligence se renforce dans le bon sens). « La raison de la solution exprime la précaution de l'imagination intelligente » (L'imagination intelligente est dans l'intelligence imaginative dans la vie). « Ce qui se rapporte à l'intelligence se rapporte à la suffisance » (La suffisance s'exprime dans le culte de l'intelligence). « Plus c'est intelligent plus c'est impressionnant, mieux c'est consistant » (L'intelligence est dans l'impression consistante). « Quand le bon sens ne nous soucie pas c'est que l'intelligence ne nous intéresse pas » (L'intérêt pour l'intelligence réside dans la garantie du bon sens). « Comparée à l'intelligence l'inintelligence est généralement un défaut raison pour laquelle elle n'a pas ce qu'il faut pour faire face à ce qui est faux ; vivre comme il faut demande qu'on cultive de l'intelligence dans l'avis » (L'intelligence nous devons la cultiver dans notre façon de faire les choses). « Quand l'intelligence est pensée c'est que la pensée fait avancer » (L'intelligence est la pensée qui permet sagement d'avancer dans la vie). « On ne compte pas sur l'intelligence pour être déçu en fin de compte » (L'intelligent n'a rien de décevant dans la vie). « Mieux c'est intelligent plus c'est important ainsi c'est gagnant » (L'intelligence est gagnante dans la marge). « L'intelligence d'un jour est l'intelligence du grand détour dans l'inintelligence nous ne pouvons nullement pas renforcer l'intelligence en toute connaissance de cause » (La connaissance de cause intelligente demande qu'on soit intelligent dans sa démarche en vue de se renforcer dans l'existence, c'est sans détour que l'intelligence nous rassure profondément). « La clé de l'espoir c'est l'essor de l'intelligence dans l'existence, la meilleure manière de réussir dans l'existence c'est de réfléchir dans l'intelligence » (Quand on souhaite aller de l'avant nous devons savoir bien accepter la clé de l'espoir de la connaissance). « L'intelligence n'abandonne pas celui qui ne déraisonne pas » (La raison est la valeur par laquelle l'intelligence nous rassure dans la démarche). « Croire à l'intelligence c'est de s'investir pour bien connaitre et cela passe par la démarche intelligente de la raison dans le temps et l'espace » (L'intelligence est le socle partant duquel nous arrivons à bien se justifier dans le temps et l'espace). « L'honneur de la vie s'exprime à travers la grandeur de l'intelligence dans l'existence, pour mieux concevoir son existence il faut passer par la manière de la lumière » (La manière de la lumière est une mesure certaine pour déterminer la présence de l'intelligence dans l'œuvre humaine). « Même intelligent on est souvent souffrant ce qui n'empêche qu'on ne soit évident » (L'intelligent est évident et souvent souffrant). « L'effort de l'inintelligence se dirige à jamais contre le sort de l'intelligence dans l'existence, ce qui déduit qu'on n'est pas intelligent à tort ni le tort ne fait pas l'intelligence durable étant donné que l'intelligence est censée nous servir pour l'éternité » (L'intelligence appelle à l'esprit de discernement à faire la part des choses). « La raison de l'inintelligence est qu'elle se trompe de raison, raison pour laquelle l'illusion est la raison de l'inintelligence dans la plupart des cas » (L'inintelligence est la valeur qui nous rabaisse dans son sens déraisonnable, ainsi c'est difficile de compter sur l'illusion pour réussir sa vie). « Le concours le meilleur est celui qui s'affiche contre l'erreur, celui qui combat mieux l'intelligence dans la vie se prépare mieux pour son épanouissement » (L'épanouissement d'une vie nous l'obtenons partant d'un investissement rassurant la concernant). « L'intelligence n'est pas sans code raison pour laquelle n'est pas intelligent qui le veut » (L'intelligence se nourrit de la compréhension du code de l'ignorance). « Celui qui n'avance pas avec intelligence avance justement à son encontre : la seconde voie qu'on suive en dehors de la connaissance est l'ignorance » (L'intelligence s'oppose réellement à l'inintelligence pareillement au savoir avec l'ignorance). « L'éducation s'épanouit dans l'intelligence, une éducation réussie, est le souci d'une préoccupation assainie : juste faites de bonnes analyses face aux vrais problèmes ainsi vous vous élèverez avec précision » (L'élévation dans la précision demande de savoir-faire une bonne analyse de la préoccupation qu'on a en face). « Compter sur l'ignorance c'est justement ignorer sur quoi ne pas compter » (L'ignorance partant de l'insuffisance ne nous permet pas d'avoir gain de cause dans notre espérance, de réussir partant de l'erreur). « Ignorer et s'isoler ne font pas bon ménage dans la mesure où celui qui ne sait pas doit au mieux s'impliquer pour connaitre, la volonté de connaitre demande de bien s'investir pour connaitre et cela ne demande toujours pas l'isolation » (Dans certains cas si l'isolation renforce la connaissance intelligente chez l'humain cependant ce n'est seulement pas à partir de l'isolation qu'il se renforce s'ouvrir aux autres est aussi et surtout recommandé). « On n'appelle pas intelligent celui qui se trompe de connaissance ni celui qui trompe avec » (L'intelligence n'appelle pas à se tromper de connaissance ni tromper avec). « La confiance est dans l'intelligence ainsi l'intelligence est le sens savant rendant l'humain indépendant dans sa démarche » (L'intelligence inspire confiance le plus souvent grâce au garantie de la vérité qu'elle renferme dans la démarche). « Tout d'intelligent et d'évident est bien concluant » (L'évidence est concluante en terme d'intelligence).

LA COMPREHENSION ET L'INCOMPREHENSION

« D'une part l'important n'est pas d'être compris mais plutôt être précis car le dernier mot reste à la vérité quel que soit la situation » (La compréhension précise nous permet justement de bien tenir sans être compris car notre raison nous reviendra tôt ou tard sachant qu'on est clair de manière). « Le combat de la compréhension doit justement-être un combat pour tous les jours ainsi celui qui tient à la connaissance ne doit nullement pas minimiser la compréhension » (La compréhension est utile pour promouvoir le développement de l'existence humaine). « Comment connaitre sans comprendre, la compréhension est l'assise de la connaissance, sans compréhension la connaissance est non-sens » (La connaissance est non-sens sans compréhension juste). « Peu importe le temps pour connaitre et comprendre il est mieux de s'éclairer puis de s'aviser dans la vie ce qui déduit le fait que l'importance de la compréhension est bien vitale à l'essor de l'individu » (L'importance de la connaissance, de la compréhension fait l'honneur éclairé de la vie). « La vie de tous les jours demande la compréhension soutenue » (La compréhension soutenue renforce la vie accomplie). « Quoi de plus que la compréhension pour renforcer la cohésion sociale, donnez-vous du temps pour vous comprendre ainsi vous vous épanouirez » (Nous nous épanouissons dans la société en acceptant de promouvoir la compréhension sociale). « Là où manque la compréhension, manque la considération aussi, plus de compréhension c'est plus de compréhension » (La compréhension est une bonne considération en soi). « Toute la vérité sur la compréhension est que nullement la compréhension ne s'oppose à la vérité pour qu'elle nous serve la compréhension se doit-être claire » (La clarté est la seule assise d'une compréhension certaine). « Bien de compréhension pour bien d'évolution, celui qui n'entreprend pas sans la compréhension se rassure la progression dans son entreprenariat » (L'entreprise certaine nous la réalisons en tenant compte du rôle de la raison dans notre démarche). « Aussi longtemps qu'il y aura quelque chose à apprendre il y aura quelque chose à comprendre ainsi la compréhension est sans doute le support de l'apprentissage dans la vie » (La connaissance expose le support de la compréhension). « Quand c'est mal pensé c'est que c'est mal compris » (La pensée claire mène à la compréhension juste). « Il faut juste comprendre pour ne pas se rendre, comprendre avec la raison, entreprendre dans la précision pour surprendre les défis avec la qualité hautement majestueuse de notre orientation » (La compréhension constitue bel et bien un support certain pour l'équilibre de la vie humaine). « Comprendre ou faire semblant de comprendre tout comme ne pas comprendre ou faire semblant de ne pas comprendre cela fait deux ; toute la réalité concernant la compréhension est qu'elle ne se manifeste pas sans la réalité » (La compréhension se manifeste derrière l'assise de la réalité). « Tel individu, tel réfléchi je cite là où s'arrête l'imagination d'un individu s'arrête sa personnalité avec » (Notre personnalité est limitée en fonction de la limite de notre réflexion). « Une personnalité rassurante est bien le produit d'une compréhension évidente justement gagnante, soignez vos réflexions ainsi vous gagnerez en toute précision » (La précision dans la victoire est aussi et surtout le produit d'une réflexion hautement remarquable). « Quand la vérité est pensée tout est pensé dans la mesure où la vérité est tout même si tout n'est pas vrai » (La vérité dans la pensée est une pensée complète une fois recommandée en tout cependant tout n'est pas vrai). « Penser à la vérité et être véridique dans sa pensée cela fait deux » (On peut bien penser à la vérité sans être clair dans notre pensée). « L'obstacle majeur pour le penseur est de se croire majeur rien qu'à partir de l'erreur » (Le penseur n'acquière pas sa lettre de noblesse rien qu'à partir de l'erreur dans la vie). « Sous l'emprise de l'erreur le penseur n'est point vainqueur » (A moins que nous desservir la pensée mal éclairée ne nous sert pas). « Penser en réalité ce n'est forcément pas penser à la réalité » (Toute la pensée ne se rapporte pas à la réalité). « Celui qui se détourne du bon sens ne sait pas bien préparer sa devance » (L'avantage certain s'acquière par l'assise du bon sens dans la pensée). « Ce n'est pas parce que c'est penser que c'est sensé » (Toute ce qui se pense n'est pas judicieux de sens). « J'ai bien peur d'être menteur que d'être penseur » (La pensée n'est pas ce qui nuit mais le mensonge oui).

« C'est après avoir cru à l'erreur que le penseur se retrouve par terre » (L'erreur ne profite pas au penseur). « L'honneur est pour le penseur qui opère à l'encontre de l'erreur ainsi, l'avancée dans la pensée est fonction de la pertinence du penseur n'ignorant généralement pas que faire pour se satisfaire » (Le penseur qui sait comment s'y prendre pour réussir s'assume contre l'erreur).

L'IMAGINATION ET L'ILLUSION

« L'imagination n'est pas un mal en soi quand on n'imagine pas le mal comme choix » (L'imagination ne constitue pas un mal pour celui qui la soigne justement). « On peut imaginer ce qu'on veut imaginer sans pour autant imaginer en réalité sans qu'on ne s'empêche d'imaginer en réalité » (L'imagination est une réalité mais toutes les imaginations ne se rapporte pas à la réalité). « Face à l'imagination c'est l'imagination qui est la solution elle permet dans ce sens de faire le détail, de permettre à l'individu de mieux comprendre son prochain en vue d'interagir savamment avec car c'est partant de la stabilité compréhensive que nous parvenions à poser le jalon d'une relation sociale stable : entreprendre d'accord mais comprendre d'abord ainsi imaginer pour s'élucider » (L'imagination dans un couloir certain est teintée de savoir nécessaire à notre prospérité multiformes). « Si on ne peut ne pas imaginer c'est qu'imaginer n'est pas rien, l'idée représente, qu'on le sache ou pas une valeur assez certaine dans la vie de l'individu » (L'idée c'est la valeur partant de laquelle nous concevons normalement notre vie en la donnant l'orientation voulue d'une part et selon la mesure du possible). « Quand c'est possible c'est que c'est accessible l'imagination est la valeur immense qui rend les choses généralement accessibles même celles impossibles raison pour laquelle dans l'imagination on hallucine, on se ment » (L'imagination rend l'impossible possible pour l'individu dans sa tête et cela à tort quand il hallucine). « L'autorité est également dans l'imagination sachant qu'elle soit sincère dans la manière dans la mesure où la conception d'une personnalité modèle ne va pas sans éducation modèle ainsi l'éducation tirant sa source de l'idée dans son agencement méthodologiquement divers alors en quoi n'avons-nous pas besoin d'idée pour nos visées ? » (L'idée est assez importante pour nous permettre d'équilibrer notre vie). « Celui qui tient à sa vie tient à son imagination la façonne bien ainsi la manière épanouie de prendre de l'avantage dans sa vie est de veiller minutieusement à la qualité technique et pratique de son imagination » (Notre vie est teintée de notre coloration idéologique de ce fait l'imagination compte pour exprimer notre personnalité). « La garantie de l'imagination se fait à l'encontre l'illusion comme orientation pour bien tirer profiter de son imagination sachons raison gardée). « La raison est la voie par laquelle s'opère les vrais miracles de la vie ainsi celui qui s'imagine vrai est rationnelle dans sa démarche ainsi peut compter sur l'exploit dans l'existence » (L'exploit dans l'existence nous l'obtenons partant de la raison dans la démarche). « N'importe qu'elle n'ait pas raison, l'imagination a une raison » (On n'imagine rien sans raison, n'importe que l'imagination ne soit pas sans raison). « Mieux comprendre la vie c'est bien l'imaginer en évidence étant donné que la juste cause est celle qui s'oppose à celle injuste » (L'imagination raisonnée s'appuie sur la juste cause à l'encontre de celle injuste). « L'illusion est l'imagination du grand danger » (L'illusion est inutile dans l'imagination). « L'importance de l'imagination se mesure à la précision de sa direction » (La précision de la direction de l'imagination détermine son importance). « L'important n'est seulement pas d'imaginer mais mieux s'éclairer oui » (L'éclaircissement nous permet de bien s'imaginer pour s'épanouir en toute nécessité). « L'erreur n'équilibre pas celui qui l'imagine comme valeur protectrice de sa vie, bien plus qu'en imaginant c'est en raisonnant que nous réussissions au mieux par rapport à la réalisation de nos aspirations » (Le rôle de la raison est incontournable pour le salut de la cause humaine). « Quand la vérité est imaginée tout est imaginé dans la logique où elle suffit largement comme solution » (La vérité est la solution définitive de l'imagination car elle nous permet de bien s'orienter). « L'idée est le repère par lequel on se met en valeur au mieux ou bien au pire on se dévalorise »

(Partant de l'idée nous nous orientons ou désorientons du bien ou du mal). « C'est bien imaginaire qu'on est luminaire » (L'imagination dans son orientation est soit éclairée ou mal éclairée). « Meilleur et imaginaire c'est que c'est clair » (Le sens imaginaire clair est meilleur dans son orientation). « L'imagination est aussi et surtout la résolution derrière la ferme conviction du développement humain, celui qui s'invente pour bien faire se résout pour se satisfaire ; celui qui ne s'amuse pas avec son existence tâche perpétuellement à réussir son renforcement intellectuel, imaginaire dans la vie » (L'imagination sincère recommande à ce qu'on travaille bien pour se soutenir). « La connaissance du grand développement ne mène nullement pas au désagrément dans la vie étant donné que l'illusion ne nous serve pas comme conviction » (La clarté n'est pas illusoire cela dit mieux s'instruire en vue de renforcer sa connaissance est une marge heureuse pour la réussite globale de l'humain). « Connaitre l'illusion c'est la compromettre dans son ascension quand on a le courage de la combattre, la volonté une fois présente il nous revient de bien s'instruire puis s'engager en vue de prospérer » (L'idéologie positive est déterminante pour le développement de l'humain). « Face à l'illusion le grand combat de l'individu éclairé est de s'évertuer à faire sa guerre, à s'opposer à l'erreur qui lui trompe de repère en somme face à l'illusion la solution incontournable revient à savoir que nous ne combattions pas l'erreur par l'erreur sinon on s'enfonce plus » (L'intelligence opérationnelle est bien requise pour promouvoir la solution certaine par l'humain). « La conscience dans l'inspiration mène à la réussite de la solution, plus nous nous inventons bien mieux l'on opère pour sa prospérité ; bien nous nous inventons mieux nous gagnons en tout ce qui nous bénéficie durablement est de s'opposer à ce qui nous détruit existentiellement » (La garantie d'une existence durable est de s'opposer à ce qui ne nous est pas utile pour s'épanouir).

LA REUSSITE ET L'ECHEC

« C'est parce qu'elle est importante que la réussite n'engendre rien de perdant » (La raison de la réussite ne la rend pas perdante dans la vie). « Pour ne pas échouer dans la vie sachons d'abord ce que l'échec veut dire ? » (La connaissance de l'échec nous permet de préparer la réussite). « Quand l'erreur ne nous fait pas échouer c'est qu'on ignore ce qui nous fait réussir » (La réussite nous l'obtenons au mieux de la connaissance des causes de l'échec). « Face à l'échec nullement la farce ne demeure la solution » (La farce n'est pas la solution face à l'échec en réalité). « Voulant la réussite on peut bel et bien échouer sans qu'on cède face au découragement qui l'accompagne » (L'échec nous pouvons bien le vivre étant imparfait mais plutôt s'enfoncer là-dedans au pire c'est cela qui n'est pas recommandé). « La confiance en la réussite ne se passe pas de la méfiance à l'échec donc en plus de vouloir la réussite nous devons opérer pour mieux prospérer sir la réussite ne se fait pas seule ainsi il nous revient de s'engager pour l'accomplir ; la confiance à la réussite c'est l'espérance dans l'activité » (L'espérance dans l'activité nous mène à la réussite certaine de l'individu). « Réussir est une chose, échouer en est une autre ainsi de la réussite à l'échec vice-versa la philosophie est largement déterminante » (L'opposition est bien réelle entre la réussite et l'échec dans la vie). « L'échec n'a autre causes que celles qui s'opposent à la réussite » (Les causes ne concordant pas avec la réussite mènent sûrement à l'échec). « Celui qui est conscient de l'échec doit l'être également pour la réussite car l'échec se nourrit de la décadence de la réussite pareillement la réussite se renforce de l'abaissement de l'échec » (L'opposition est saillante entre l'échec et la réussite nous devons le comprendre pour bien réussir dans la vie). « On ne combat pas la réussite sans échouer dans son combat » (L'individu qui s'oppose à la réussite s'abaisse dans son combat). « L'erreur se mérite cependant il n'est pas le mérite pareil à la lumière raison pour laquelle la suffisance et l'insuffisance s'opposent » (La suffisance et l'insuffisance s'opposent dans la manière ce qui veut dire justement que la réussite et l'échec s'opposent bien). « Le combat de la réussite est un combat pour toujours, nous nous engageons à jamais pour s'épanouir dans la vie » (Lorsqu'on tient à la réussite nous ne devons pas fuir le travail qui est le facteur qui nous conduit à ce mérite). « Si rien ne réussit comme le bien ce qui veut dire que seul le bien est bien réussi » (La réussite du côté du bien est sans pareille de façon lucide). « Partout où c'est bien de réussir c'est bien de s'investir pareillement dans la mesure où la réussite durable demande du travail raisonnable » (La réussite nous l'obtenons partant d'un travail cohérent, raisonnable). « L'espoir pour la fin de la misère ne se passe pas du savoir de la rigueur qui l'accompagne sagement » (L'espoir pour la réussite demande de la rigueur nécessaire à notre épanouissement). « Plus l'on s'assagit mieux l'on s'épanouit » (La sagesse épanouie l'individu dans la vie). « Plus on est clair mieux l'on se supporte ainsi l'on réussit, la netteté est méritée pour la réussite » (La réussite nous l'obtenons par le biais de la cohérence méthodologique dans nos actions). « Plus de réussite c'est plus de mérite certain, celui qui ne badine pas avec la réussite s'accomplit à faire évoluer au mieux le mérite en soi en le renforçant constamment » (Le renforcement constant de la connaissance en soi en terme de mérite nous permet de tenir à une réussite utile). « Contre l'échec adoptons les mesures barrières face à l'ascension de l'erreur ce qui provoque l'abstention du bonheur dans la cause cela dit nous renforçons la cause de l'échec d'une part en se laissant convaincre par sa réussite » (La différence entre l'échec et la réussite est palpable dans la mesure où en soutenant l'échec nous nous éloignons de la réussite dans ce cas il faut-être éclairé pour dissocier les valeurs). « Croire à la réussite d'accord mais combattre l'échec c'est mieux » (La croyance à la réussite couplée à l'engagement de l'individu pour la promouvoir est la valeur utile pour le développement humain). « Quand c'est réussi certainement que c'est bien réfléchi ce qui veut dire de ce fait qu'aucune réussite ne se passe d'une réflexion régulière » (La réflexion certaine nous permet de bien s'entretenir face aux enjeux de l'échec pour concevoir la réussite). « La réussite se nécessite aussi longtemps que l'échec nous assaillira » (L'échec nécessite la quête de la réussite dans la vie). « Croire à la vérité c'est s'accomplir pour la réussite, nous réussissons partout où nous

nous cultivons sagement sur le chemin de la réalisation certaine dans la vie » (La réalisation certaine de l'idéal humain en terme de réussite nous demande de s'accomplir justement). « On peut bien fuir la réussite pensant bien la promouvoir, raison pour laquelle sans savoir nous n'accédons pas à l'espoir » (L'accès à la réussite passe par la connaissance certaine dans la vie). « L'important n'est pas d'ignorer son temps en quête de la réussite mais plutôt d'évoluer avec pour s'épanouir objectivement » (L'épanouissement objectif de l'idéal développemental de l'humain demande qu'il persévère sur une voie certaine). « Sachant logiquement que le danger fait l'enjeu alors je me demande en quoi l'enjeu sans danger nous servira-t-il ? Ainsi pour réussir sachons à quoi s'attendre, comprenons-nous face aux défis de la vie sûrement surmontable pour réussir » (La réussite est faite d'enjeu donc à l'individu soucieux pour la solution d'œuvrer sagement pour mieux s'accomplir). « La philosophie de la réussite recommande de ne pas ignorer la pédagogie de l'ignorance car comment combattre quelque chose que nous ignorions ? » (La connaissance certaine de l'ignorance nous permet de bien s'entretenir dans la vie). « La vie de tous les dangers est celle qui ne nous enseigne rien allant de la préservation de la réussite, ainsi valorisez vos vies, élevez-vous tout en aspirant continuellement au délice de la réussite cela n'est pas sans connaissance en conséquence » (La connaissance est le gage de toute suffisance dans l'existence de l'individu). « L'individu éclairé ne fuit pas la vérité mais plutôt subit avec pour enfin pouvoir s'épanouir dans sa démarche » (La démarche la plus certaine nous rapporte avec suffisance en terme de réussite dans l'existence). « Quand l'échec fait gagner c'est ensuite pour faire perdre pareillement à l'erreur qui ne fait pas gagner sans pour autant faire perdre car elle ignore, avilit l'humain dans sa démarche » (La démarche individuelle qui conduit à brandir l'erreur comme argument n'aide nullement pas l'humain à réussir). « Si la vie est un combat la réussite ne fait pas exception à la règle ainsi c'est en combattant que nous échouions également dans certains cas » (L'échec et la réussite demeurent un combat dans la vie d'une part).

LA CHANCE ET LA MALCHANCE

« La chance c'est aussi et surtout l'espérance de l'expérience, acquérir plus d'expérience c'est conquérir plus de chance dans l'existence » (La chance nous la maximisons à travers l'expérience dans la vie). « Une fois chanceux et sensé on ne peut qu'avancer » (La réussite est garantie par celui qui tient à l'évidence certaine). « La chance n'est pas un empêchement à la réussite mais plutôt un raisonnement à l'encontre du désagrément » (La chance passe par le raisonnement à l'encontre du désagrément). « La chance ne manque pas d'importance dans la mesure où elle s'oppose à la malchance » (La réussite de la chance est qu'elle s'oppose à la malchance). « Chanceux, sérieux, éclairé certainement qu'on est avantageux » (L'avantage nous l'obtenons partant de la chance certaine). « Mieux l'on s'instruit bien l'on s'épanouit en rien l'instruction ne nous rabaisse dans l'illusion de la malchance » (L'illusion de la malchance passe par la valeur de l'instruction dans la vie). « Une vie chanceuse, est bien heureuse mais comment profiter de la chance recherchée sans pour autant faire barrière à la malchance redoutable » (La malchance est la voie par laquelle nous faisons barrière à notre épanouissement). « Tous les changements ne se font pas à notre faveur ainsi nous n'obtenons pas la chance partant de la part de tous les changements car certains nous mènent dans l'enlisement » (Le changement mal discuté nous mène dans l'enlisement). « On peut bel et bien penser avoir la chance et se faire avoir dans sa chance : quand on se croit chanceux à tort certainement que dans le temps nous serons rattrapés par la réalité partant de laquelle nous vivrons malchanceux » (La chance n'est pas l'égale de la malchance vice-versa). « C'est aussi et surtout la chance de s'opposer à l'ignorance car non-sens ne sourit nullement à celui qui ne se trompe pas de chance, seule le bon sens est gage d'espérance certaine dans la vie » (L'espérance juste nous l'obtenons partant du bon sens dans la démarche). « Avoir la chance de connaitre la chance c'est aussi l'avoir pour la combattre car en l'ignorant on ne peut pas la contenir ; vivement la connaissance est une chance » (La connaissance est une chance dans la vie). « La chance ne profite pas à celui qui ne la cultive pas on a beau eu de la chance cependant si nous ne l'entretenons pas certainement que nous sombrions dans la malchance » (La chance a besoin d'un suivi permanent en guise d'entretien pour qu'elle ne vire pas en malchance). « Le malchanceux n'est pas forcément dangereux cependant il peut ne pas bien s'y prendre face à l'enjeu de la chance, car c'est bien avoir compris la malchance que nous nous conduisions vers la chance » (La chance nous l'obtenons en bien se positionnant contre la malchance dans la vie). « Ce que ne défende pas l'évidence ne défend généralement pas la chance » (L'évidence représente le creuset de la chance de façon générale). « On n'appelle cela avoir de la chance le fait de se faire avoir par la chance, la chance mal pensée et mal acquise revient à la malchance » (La malchance s'exprime à travers la chance mal pensée). « Quand la chance n'avantage pas c'est que c'est la malchance déguisée » (La malchance déguisée est une chance qui ne nous avantage durablement pas). « Pour bien connaitre la chance dans la vie il est important pour l'humain de se connaitre d'abord dans le sens, le connait-toi-toi-même permet pour l'humain de réaliser au mieux la chance à son endroit » (La raison est juste importante pour promouvoir la chance dans l'existence). « Davantage de chance c'est davantage d'importance » (La chance c'est l'importance dans la référence). « La confiance à la malchance se nourrit de la méfiance de la chance plus l'on est convaincu par l'illusion moins l'on est retenu par la précision ainsi dans la confusion parfois nous préférons le mal au salut » (L'illusion est un mal qui mal comprise nous maintient longtemps dans la faiblesse de la malchance). « La personnalité que nous sommes exprime souvent la chance que nous bénéficions dans l'existence dans la mesure où l'on est chanceux ou malchanceux d'une part par rapport à ce que nous posions comme acte » (L'acte de l'individu détermine souvent la chance qu'il bénéficie dans la vie pareillement pour la malchance). « Ce n'est forcément pas courageux qu'on est chanceux ni chanceux qu'on est courageux même si le courage et la chance font bon ménage chez l'individu éclairé » (La chance et le courage font bon ménage sans que le chanceux ne soit forcément pas courageux vice-versa).

LE BIEN ET LE MAL

« La bonne personne défend au juste la bonne cause, la bonté de la personnalité ne se limite pas seulement au dit mais mieux au fait dans une conjugaison harmonieuse entre la parole et l'acte » (L'harmonie doit-être entre l'acte et la parole chez l'humain bon). « Le bien ne se mesure pas mal, ainsi nullement le mal ne rassure en guise du bien ce qui veut justement dire que le bien mal pensé n'a d'égal que le mal » (Le bien mal pensé est un mal réellement). « Pour arriver au bien on ne doit pas se contenter de rien, raison pour laquelle le bien est juste certain » (Le sens bien éclairé est certain ainsi on doit pouvoir le faire valoir partant de la raison). « Pour circonscrire le mal il faut bien comprendre le bien cela dit se renseigner à propos du bien pour être certain sur quoi adopter pour contenir le sens adverse » (Le bien nous l'actons en bien s'édifiant sur les contours conduisant à sa réalisation). « Le mal ne faisant pas du bien alors pourquoi s'en fera-t-il à son égard ? » (Le mal ne se préoccupe pas pour le bien étant simplement mal). « La confiance au bien c'est l'espérance en la suffisance » (La suffisance est l'espérance qui découle de la confiance au bien). « La bonté de tous les dangers ne se différencie en rien de la nullité ce qui veut dire que celui qui se trompe de bonté, la méprend à la nullité » (La bonté n'est pas la nullité mais nous pouvons les confondre). « Le bien est salutaire raison pour laquelle le bienfaiteur est solidaire » (La solidarité est l'expression du bienfaiteur dans sa démarche d'une part). « Quand le bon sens ne nous arrange pas c'est qu'on ignore ce qui nous arrange » (Le bon sens n'arrange pas celui qui se trompe de sens partant duquel s'orienter). « Rien de mal n'est vital, si ce n'est pas fait pour renforcer le bien ce qui veut dire que seulement c'est en renforçant le bon sens par le sacrifice que le mal peut nous être utile car en nous faisant du mal avec la vocation de ne pas nous faire du mal » (Le mal qui reste mal ne nous aide nullement pas). « La clé du bien, c'est la clé de la vie, pour réussir dans la vie comme il se doit soyons prudents et bien regardant sur la compréhension et l'application de la notion du bien » (Le bien est requis pour promouvoir l'épanouissement durable humain dans la vie). « Plus c'est éclairé mieux c'est bienheureux » (L'éclairage est bienséant pour l'humain). « Le bonheur est bien utilitaire » (Le bonheur passe par la marge de l'utilité dans la vie). « On ne déclare pas la guerre au bonheur mais plutôt on la déclare avec bonheur pour qu'elle nous épanouisse » (Le bonheur nous aide à bien s'éclairer à travers la bienséance qu'elle renferme). « L'importance est dans la bienséance » (La bienséance fait l'importance dans l'existence). « Le bonheur est le repère qui nous permet d'atteindre de la hauteur » (Nous promouvons notre avancée dans la vie partant logiquement de l'orientation du bonheur). « Le plus généralement on ne se veut pas sérieux pour vivre malheureux » (Le sérieux aide à vivre heureux). « Moins c'est sérieux plus c'est miséreux » (Le sérieux combat la misère en sachant que faire). « L'autorité conduit au bonheur à condition qu'elle s'oppose à la nullité chez la personnalité » (L'autorité certaine s'oppose à la nullité dans la manière pour qu'il ait le bonheur). « C'est de bonne guerre qu'on s'achemine vers le bonheur » (La bonne guerre nous permet d'atteindre le bonheur). « Rien d'insultant n'est bienveillant » (L'insulte nuit à la bienveillance). « Plus l'on s'en tient à l'immaturité plus l'on se retient dans la difficulté » (La difficulté est entretenue par l'immaturité). « Quand c'est bon c'est que ça conforte, rien de mauvais ne concorde avec le principe du bonheur » (Le principe du bonheur dans la manière nous permet de se situer par rapport à l'importance de l'existence bienséante). « La continuité n'a point de nullité lorsqu'elle se passe par la vérité dans la mesure où seule la raison est entièrement méritée pour vivre heureux » (La vie heureuse demande de la continuité dans l'engagement certain de l'individu). « Le bonheur n'est jamais en arrière par rapport à l'éveil de l'individu » (Notre éveil individuel démontre à quel point le bonheur certain compte). « Rien qu'en persévérant dans le mal nous nous retenons dans le mal, ainsi ce n'est nullement pas une logique existentielle de s'approprier du mal pour s'approprier contre le mal » (L'intelligence active recommande de bien s'appliquer contre l'inintelligence pour promouvoir son épanouissement à soi). « Même soutenir le mal est un combat effectif mais qui nous profite mal, à la différence du bien » (Le soutien du mal nous profite mal n'étant pas bien). « Connaitre le mal ne veut nullement pas dire être en veille contre le mal si la volonté nous manque on peut bel et bien connaitre le mal sans pour autant poser quoi que ce soit pour compromettre son ascension). « C'est bien mal de penser que le mal n'est pas mal » (Le mal n'est pas mal sachant que c'est bien mal de ne pas placer le mal dans son emplacement certain). « Plus c'est contraignant plus c'est convaincant si c'est évident » (La valeur contraignante et évidente ouvre la voie au bonheur). « Comment on ne peut ne pas connaitre le mal si nous ne faisons rien pour le compromettre » (Le mal doit être contenu pour permettre à l'individu de gagner dans son engagement). « L'engagement n'est pas sans attachement pour celui qui le veut certain dans sa dynamique mieux nous nous faisons lumineux plus nous jouissons, coopérons et gagnons : du malheur tout comme du bonheur le sens détermine l'existence de l'individu » (Le lien qui nous conduit au mal ou au bien est fonction de l'importance que nous accordions à la raison d'exister). « Accéder au salut passe par un bon appui, la qualité du bonheur est fonction de la personnalité du bienfaiteur s'impliquant dans la logique de bien faire la suffisance sanctionne l'accomplissement du bienfaiteur » (L'accomplissement du bienfaiteur est sanctionné par sa foi heureuse à renforcer le bon sens). « Erreur n'est pas de s'en tenir au bonheur mais plutôt de s'en tenir avec lumière, car c'est la raison qui renforce le bonheur le certain dans le chemin » (Le bonheur certain nous l'obtenons partant de la raison dans la manière). « Croire au mal ce n'est pas être mal dans sa croyance non forcément pas » (La connaissance du mal ne nous fait forcément pas un soutien de cela). « On peut certes compter sur le mal, cependant on n'est pas compté par le mal » (Le mal ne nous aide pas on peut se tromper le concernant). « Le conseil, le meilleur c'est bien surement celui du bien, partout où l'on s'en tient au conseil de la raison on ne perd pas de vue » (Le conseil éclairé du bien nous permet bien de ne pas se déséquilibrer). « La confiance au mal conduit bien à la souffrance du malheureux » (La souffrance du malheureux tient d'une part à la confiance au mal).

LA PUISSANCE ET L'IMPUISSANCE

« La puissance dans l'existence est fonction de l'accomplissement de l'humain à l'encontre de l'impuissance dans la vie, dans la mesure où la puissance ne s'acquière pas sans que généralement l'humain ne s'accomplit sagement » (La puissance certaine nous l'obtenons partant d'une démarche sincère de l'individu à réussir). « La confiance d'un jour peut bel et bien être la méfiance pour plusieurs jours ainsi une confiance mal pensée ne qu'être ratée » (La confiance mal pensée n'apporte pas suffisamment à l'humain). « Vivement la délivrance est dans la puissance qui concorde avec le bon sens » (La puissance concordante avec le bon sens mène à la délivrance dans l'existence). « Plus c'est bon mieux c'est suffisant certainement c'est épanouissant » (La bonté est la qualité de suffisance requise pour promouvoir la puissance). « C'est justement avec détour que nous vivions la puissance d'un jour car l'on se ment la concernant » (La puissance du mensonge débouche sur la nuisance du puissant). « Plus c'est ignorant plus c'est inquiétant moins c'est puissant » (L'incohérence traduit l'impuissance de la valeur). « Celui qui ne se trompe pas de puissance ne se comble pas dans l'impuissance » (L'impuissance n'étant pas similaire à la puissance nuit à l'espérance). « Tout de puissant est dépensant : on se dépense au mieux pour ensuite vivre la puissance dans sa vie » (La puissance dans la vie nous la profitons en se dépassant au mieux). « La puissance de toutes les impuissances est justement celle-là qui ne s'oppose à point de non-sens » (Mal évaluée nous méprenons l'impuissance à la puissance). « A chaque puissance sa référence, la puissance se manifeste par une référence quelconque » (La référence fait la puissance dans la vie). « La connaissance de la puissance nous atteste la puissance de la connaissance, la connaissance n'est pas pour rien dans le processus du renforcement de la capacité humaine, plus l'on apprend mieux l'on comprend bien l'on entreprend et gagne » (La réussite humaine demande à l'individu de bien se dépenser pour enfin mieux gagner). « Les bons conseils font les Hommes puissants » (Le conseil est requis pour faire la puissance de l'individu). « Le combat pour la puissance se délivre sans doute à l'encontre de l'impuissance, on ne saurait de ce fait mieux contenir l'assaut de la défaillance sans pour autant mieux connaitre la suffisance dans sa qualité élémentaire » (La puissance s'acquière partant d'un combat élémentaire). « Telle référence telle puissance, la puissance est l'émanation de l'évidence dans le sens » (L'évidence mène à la puissance dans la référence). « La puissance se forge dans la conscience sur l'inconscience sachant la limite de l'ignorance comparée au bon sens nous franchissons un pas élémentaire par rapport à la quête de la puissance » (La quête de la puissance s'établit dans la durée). « La chance est dans la puissance pour celui qui la situe justement, plus l'on est chanceux mieux l'on est puissant finalement on est évident » (L'évidence est le trajet qui mène à la puissance). « Rien de puissant n'est blessant toutefois si la puissance est assurance, pour qu'elle nous garantisse l'avenir la puissance doit bien s'orienter » (La bonne orientation détermine la réussite ou l'échec de la puissance). « La meilleure des compagnies nous garantit la crème de puissances ainsi c'est en se résolvant contre l'ignorance que nous gagnions de la suffisance dans l'existence » (La suffisance à laquelle nous aspirons n'est pas atteignable sans raison certaine dans notre façon d'être). « La différence de l'évidence est la référence de la puissance à la différence de la différence de l'incohérence qui conduit à l'impuissance » (La puissance et l'impuissance s'opposent par leur style d'appréciation de la réalité). « Etre puissant d'accord mais vivre cohérent d'abord, toute puissance acquise dans le non-sens se transformera en souffrance pour le prétendu puissant » (La puissance nous l'évaluons bien quand nous la construisons partant de la connaissance utile donc elle nous profite). « L'impuissance est de s'accomplir à l'encontre de la démarche de la puissance à s'opposer constamment à la démarche qui va avec l'évolution de la puissance nous nous affaiblissons plutôt que ne nous renforçons » (L'individu ne se renforce pas en fuyant la démarche de la raison au profit de celle de l'illusion). « L'impuissance est une réalité pour la personnalité cependant la personnalité n'est pas qu'impuissante en réalité » (La personnalité n'est pas qu'impuissante en réalité sachant logiquement que l'impuissance est une réalité dans la vie). « La puissance n'est point une menace pour l'existence de l'individu » (L'existence de l'individu profite de la puissance positive pour sa promotion). « L'autorité fait la puissance dans le cadre où sans évidence la puissance n'est que non-sens » (Le non-sens est dans la puissance qui s'éloigne de tout bon sens). « L'impuissance à ne pas finir s'exprime d'une part par la volonté de la personnalité à se nuire soi-même » (Nous nous nuisons dans la mesure où nous tenons à augmenter l'impuissance dans nos faits et gestes). « Nullement cela ne m'étonne que l'insouciant soit impuissant : toutefois si l'impuissance ne se manifeste pas dans l'ignorance j'ignore où d'autre va-t-elle se manifester ? » (Dans l'ignorance nous entretenons l'impuissance). « Plus c'est ignorant plus c'est impuissant » (L'ignorance traduit l'impuissance). « Plus l'on se croit puissant moins l'on est, moins l'on se croit puissant plus l'on est, en somme d'une part la modestie est requise pour renforcer la puissance humaine » (La modestie est utile dans le cadre de la préservation de la puissance humaine dans la vie). « Plus c'est évident plus c'est puissant mieux c'est suffisant » (La suffisance s'accroit dans la démarche évidente de l'individu). « L'assistance de l'évidence est l'importance dans l'existence cela dit nous ne saurons nullement réussir dans la puissance sans détruire la nuisance en toute utilité » (Il est utile de combattre l'impuissance partant de la bonne compréhension puis de l'adoption des principes nous conduisant à la puissance). « On se rend impuissant rien qu'en ignorant ce qui nous rend impuissant tout comme l'ignorance dans son inconscience traduit le degré de profondeur de notre ignorance » (L'individu est limité dans sa démarche ainsi ignorer qu'on est ignorant tout comme ignorer son impuissance nous expose à la faiblesse). « C'est avec sagesse qu'on se dresse contre la maladresse » (La puissance de la sagesse s'oppose à l'essor de la maladresse). « L'utilité de toutes les utilités est celle qui s'oppose à la nullité dans la manière ainsi tout de puissant et réconfortant passe par le combat contre l'inutilité dans le mérite » (Il importe de bien s'avancer contre l'inutilité en vue de renforcer l'utilité dans la vie).

LA JOIE ET LA COLERE

« La joie de vivre se trouve dans le poids de l'honneur, celui qui se fait mieux dans la vie compte sur l'honneur pour prospérer » (L'honneur permet à l'humain d'acquérir la joie de vivre). « Le sérieux dans la personnalité rend également joyeux en réalité » (La place du sérieux impact sur la joie humaine dans la vie). « Sérieux et mesurés nous nous faisons joyeux au mieux » (La joie de vivre nous l'obtenons dans le sérieux de l'existence). « La vie des grands dangers accentue la colère chez l'individu » (La colère chez l'individu s'accentue constamment par rapport à la qualité des dangers qu'il rencontre d'une part). « Celui qui se bat pour le bonheur se bat pareillement pour la joie » (La joie de vivre est dans la manière d'être chez l'individu). « La joie est une réalité contrairement à la colère elle ne se nourrit pas de la banalité si nous la voulons sincère » (La joie certaine s'oppose au mieux à toute décision de banalité chez l'humain). « La colère pour toujours est l'expression du malheur dans le comportement humain ; soyons positifs et puis apprenons à maitriser au mieux nos colères en vue de bien participer à la guerre pour la joie » (La guerre qui conduit à la joie demande de bien travailler en vue de susciter en soi le sentiment positif derrière une voie sincère en vue de cheminer vers la réussite). « A défaut de savoir comment combattre, le coléreux en se battant ne ferait qu'augmenter la colère une fois aveuglée par son état » (Le coléreux augmente la colère en soi à défaut de savoir comment combattre). « Le combat de tous les jours se dirige contre la colère au mieux car l'atteinte du bonheur est un repère illustratif de l'engagement fructueux humain » (L'engagement fructueux humain ainsi que la réalisation de la joie à laquelle il aspire passe par un combat engagé). « La joie rend roi à condition qu'on ne se trompe pas de choix menant au bonheur » (Quand on sait comment s'y prendre la joie nous renforce dans l'existence à nous anoblissant). « La colère est dans la misère ainsi tenir à l'erreur ne nous permet pas de la canaliser au profit du bonheur » (L'erreur mène à la misère ainsi la misère nourrit la colère). « Plus on est mesuré moins l'on est miséreux ainsi l'on se fait bienheureux : celui qui se soucie de la joie dans sa vie doit savoir sagement opérer contre le choix inapproprié à sa réalisation » (Il est important de s'opposer aux valeurs contradictoires nuisant à notre réussite générale dans le cadre du bonheur ainsi que la préservation de la joie en soi). « Le cœur qui entretient la colère se retient dans le malheur ; soulager vos cœurs de douleurs inutiles ainsi vous vous épanouirez » (L'épanouissement utile nous l'obtenons en se libérant sincèrement dans la vie). « La colère pareillement à la joie s'expriment par un exemple sincère raison pour laquelle savoir mieux s'orienter intellectuellement nous permet de se renforcer dans le bonheur et se détourner du malheur » (Le malheur et le bonheur se renforcent partant de la référence sensuelle de l'humain en rapport avec la consolidation de la joie et de la colère). « Le désespoir nourrit la colère autant l'espoir nourrit le bonheur une fois la vérité sue alors à nos gardes en vue de cultiver constamment l'honneur en nous » (L'espoir est bien référentiel pour développer notre joie). « La grande joie de vivre revient à l'immense dévotion à la raison de la part de l'individu n'empêche qu'il ne soit pas facile d'atteindre la valeur utile il importe de se sacrifier pour s'identifier » (La joie certaine de la vie demande également du sacrifice de la part de l'individu pour profiter plus dans la vie). « Le plus souvent ce n'est pas par la colère que nous combattions la colère nous comprenons de ce fait la raison pour laquelle nous ne solutionnons pas le problème par un problème pareil à lui donc quand la colère débouche sur l'erreur elle ne nous permet pas à chaud d'agir pour ramener la joie » (La colère est bien à contenir une fois non utile pour permettre à l'individu de réussir à bien bâtir la joie de vivre). « C'est sûr qu'on se fera avoir par la colère ignorant ce que c'est que la colère » (L'ignorance de la colère nous expose à la colère généralement car en ne posant pas d'actes allant à son encontre elle nous abaisse). « Face à la colère on peut se permettre de faire la guerre mais mieux sa guerre » (Le fait pour l'individu de faire sa guerre lui permet de prendre le dessus sur la colère négative en s'investissant savamment). « La grandeur dans la manière c'est le bonheur comme repère ; celui qui se vitalise constamment par l'effort de la vérité s'épanouit dans la maturité » (L'épanouissement dans la maturité passe par la compréhension du bonheur menant à la joie ainsi que les moyens utiles à sa réalisation). « Tout est bonheur pour celui qui se trompe de bonheur pareillement tout est malheur pour celui qui se trompe de malheur dans la confusion de valeurs nous nous trompons sur le sens » (Tout n'est pas que colère pareillement tout n'est pas que joie). « L'opposition est bien réelle entre le bonheur et le malheur pareillement à la colère et la joie ainsi arrangeons nous à ce que le bien ne nous met pas en colère sinon la colère nous conduira au malheur » (La colère conduira à notre malheur si nous nous réjouissons par le mal). « Ce n'est pas mal de se mettre en colère si nous nous mettons en colère contre le mal » (L'individu qui se met en colère contre le mal le fait pour le bien ainsi à son avantage). « Partout où la colère nous avantage c'est justement sans erreur au mieux » (La colère qui se nourrit dans le bon sens n'a autre but que de promouvoir le bonheur). « La colère qui mène à l'honneur s'exprime contre le déshonneur » (La colère positive pour contenir le déshonneur nous conduit à l'honneur). « Que d'erreur dans la joie qui s'ignore : jouir ou se plaire d'accord mais se parfaire d'abord car que faire si ce n'est s'en faire une fois convaincu à tort le plus souvent ? » (Le salut nous le trouvons dans une instruction certaine de l'individu à faire face au déshonneur). « On est meilleur avec la colère qu'on déclare à l'erreur dans ce cas elle devient utile » (La colère utile rend meilleur l'individu). « La joie tout comme la colère conseillent l'individu à lui de savoir bien tirer profit de l'enseignement en question » (L'enseignement de la colère et de la joie doit nous servir de leçon quand on y prête attention). « Quand la colère nous fait perdre la raison ce n'est nullement pas pour gagner la joie » (La colère débordée vire au drame). « Indignez-vous d'accord mais mesurez-vous d'abord seule la colère illustrée par la lumière mène au bonheur » (La colère bâtie sur une assise lumineuse mène au bonheur dans la vie). « On ne s'aide pas avec la colère qui ne nous illumine pas justement la colère pour rien ne nous profite pas bien » (La colère incertaine nous enfonce plus qu'elle ne nous libère).

LA VIE ET LA MORT

« Dans la vie plus de défi c'est aussi et surtout plus d'envie et d'appui si nous savons les exploiter au mieux » (La bonne exploitation des défis par l'individu lui permet de réussir bien sa vie). « Avant que n'arrive la mort, s'achève la vie ainsi humain imparfait on n'est pas responsable de sa vie ni de sa mort nous subissons aussi longtemps que le temps s'alternera nous nous attendons à la transformation de la nature qui s'opère en nous » (La mort et la vie attestent réellement l'insuffisance humaine cela dit nous naissons sans le savoir et mourrons sans résistance aucune capable d'empêcher la mort). « Dès lors qu'on s'appelle vivant s'attendre à la mort n'est pas un choix mais plutôt une loi » (La loi de la vie c'est de s'attendre à la mort). « Pour qu'elle rassemble et nous ressemble quand on s'appelle humain responsable, la vie on ne la vit pas comme bon nous semble : vivre d'accord mais s'instruire au fur à mesure » (L'instruction est bien utile dans le renforcement de la stabilité d'une vie). « Estimez la vie en sa juste valeur c'est n'être pas une barrière pour le salut des êtres, bien s'instruire, mieux s'accomplir pour rayonner sa personnalité, la vie est assez précieuse pour que nous la vivions dans la désillusion » (La vie dans la désillusion ne nous est pas du tout utile). « La défense par excellence dans l'existence c'est le bon sens » (La convenance du bon sens nous garantit la défense par excellence). « On ne réussit pas sa vie tant que nous vivions à l'encontre de la solution une vie épanouie ne se dresse pas à l'encontre du sérieux mais mieux s'opère avec » (La réussite de la vie humaine recommande constamment l'implication judicieuse de l'individu à passer par les voies requises à l'amélioration de celle-ci). « Face à la vie tout comme la mort on est égal » (Parlant de la vie tout comme la mort nous sommes égaux ; nous connaissons tous la vie nous connaitrons tous la mort). « Dans la vie si les choses ne se font pas d'elles-mêmes on a tort de ne rien faire pour ensuite espérer : espérer d'accord mais œuvrer d'abord » (La prospérité d'une vie demande de travailler, de s'accomplir comme il se doit en vue de compter sur sa triomphe). « Partout où l'existence nous importe ce n'est pas sans connaissance aucune nous comprenons de ce fait la raison pour laquelle la connaissance est le ciment de la suffisance dans l'existence : plus vous oserez, plus vous apprendrez mieux vous connaitrez ainsi entreprendre vous sera facile » (La facilité dans l'entrepreneuriat dans la vie demande du sacrifice dans l'apprentissage humain pour qu'on s'épanouisse dans la vie). « L'échec de la vie incombe sur l'effort du vivant si la réalité ne se fait pas d'elle-même dans la vie c'est donc au vivant de s'impliquer en vue de donner la trajectoire la meilleure à son projet d'existence on est comptable du bilan de notre existence peu importe que nous réussissions ou pas d'une part, cela dit se dépenser au mieux pour vivre heureux tel doit-être l'objectif de l'humain éclairé » (Le sérieux dans la vie demande qu'on s'assume bien pour s'épanouir dans la logique où la responsabilité de l'humain est bien présente d'une part dans sa réussite ou son échec dans la vie). « Si on n'est pas vivant que de nom alors on doit œuvrer à ce que la vie nous serve au moins à quelque chose : dans la vie à défaut de subvenir au charge d'autrui que soi alors travaillons à pouvoir subvenir au moins à nos propres charges sinon à quoi aurait servi notre existence ? » (L'individu qui arrive à se prendre en charge dans la vie se valorise certainement, la dignité de la vie demande aussi et surtout qu'on parvienne à s'auto-suffire). « On ne vit pas que du présent mais aussi et surtout le passé et le futur nous intéressent raison pour laquelle la vie autant intéressante d'une part nous œuvrons à nous épargner le meilleur des avenirs à travers la compréhension d'un passé vécu, lu ou raconté ainsi qu'à l'aménagement d'un présent utile » (Les trois temps de la vie partant du passé au présent et l'avenir ce dont j'ai connaissance nous demande en toute complémentarité d'établir un pont intellectuel entre ces différentes périodes pour pouvoir se valoriser davantage s'assurer dans la vie). « La vie n'est pas sans besoin pour autant le vivant ne doit pas ignorer les besoins prioritaires qui se nécessitent pour l'amélioration de son existence à soi, quand on vit sa vie n'importe comment on récoltera n'importe quoi là-dedans). « Face à l'allure de la mort le dépassement de soi n'est pas une solution, car la solution est déjà prédéfinie, la solution de la mort c'est la mort d'une part là où on ne peut pas l'échapper » (La solution de la mort est la mort dans la mesure où on ne peut pas l'échapper). « On ne solutionne pas la mort pour ne pas mourir mais plutôt pour mourir dans la dignité, la tête haute, les armes dans la main ainsi nous citons : qu'à défaut de rendre la mort incontournable rendons la mémorable ainsi en menant une existence responsable » (La vie responsable de l'individu l'assure une mort hautement mémorable). « La mort n'est pas sans enjeu sans qu'elle ne soit un danger en soi traduisant la limite naturelle du processus existentiel de l'humain » (La mort n'est pas un danger mais plutôt représente un enjeu pour l'humain au vivant de s'exécuter pour réussir ou échouer face à l'enjeu en question). « Avoir l'amour de la mort pareillement à celui de la vie est fonction de réalité idéologique pour laquelle on se meut » (L'idéologie que nous épousions détermine notre orientation). « Celui qui se fout de la raison brise l'espoir de mener une vie meilleure car une vie de rigueur s'accomplit à travers une guerre farouche menée à l'encontre de l'erreur » (La guerre que nous menions à l'encontre de l'erreur nous épargne une vie digne). « Dans la mesure où on n'a qu'une seule vie évertuons nous à mener la lutte qui va avec » (La lutte qui renforce notre vie est celle recommandée pour le salut certain). « Si c'est bien de vivre ne vivons pas au moins contre le bien » (La vie utile ne se mène pas à l'encontre du bien dans la mesure où c'est bien de vivre). « Celui qui ne juge pas la vie à sa juste valeur se fera certainement avoir dans sa vie : illuminons nous sur l'existence ainsi nous jouirons confortablement de nos préférences, le hasard relevant de la tare nous met en retard alors le vivant doit éloigner sa vie de l'à-peu-près pour la profiter au juste » (La solidité dans la vie s'opère à l'encontre de la loi de l'à-peu-près). « L'ignorance est une réalité dans l'existence cependant elle n'est pas la réalité qui compte pour la suffisance de l'existence, l'ignorance est justement une menace pour le salut de la vie » (Le salut de la vie ne réside pas dans l'ignorance dans l'existence).

CHAPITRE II

TITRE DE NIVEAU II

L'AMOUR ET LE DESAMOUR

« On est aussi et surtout le même quand on s'aime réellement » (L'amour est facteur d'union et de cohésion d'une part). « L'amour est facteur d'unité lorsqu'il s'applique en toute utilité ; une fois sincère on ne s'aime pas pour se faire la guerre mais plutôt pour s'en protéger » (L'amour réel est source d'empathie entre les humains). « Aimer est une chose ; détester en est une autre » (L'amour et le désamour s'expriment partant de réalités contradictoires). « Conseiller, c'est aimer et coopérer, dans l'amour la coopération est sans détour cela dit on peut compter sur tout de la part de celui qui nous aime à part le désamour » (On est bien protégé par celui qui nous aime normalement). « Plus on aime plus on s'aide quand c'est nécessaire : l'amour pour la cause utile nous rend service » (L'humain est bien servi par la cause utile dans l'amour). « Aimer ce n'est seulement pas croire et apprécier mais mieux savoir et concorder ; plus que l'envie l'amour c'est la vie ainsi ce qui touche à notre existence ne doit nullement pas être une décision légère à prendre » (L'amour dans sa consolidation ne doit nullement pas être une décision facile à prendre pour qu'il nous rende service). « Aimer c'est d'abord s'aider » (L'amour aide celui qui se renforce dans sa passion). « Aimer sans condition c'est aimer malgré les préoccupations l'amour par principe c'est l'amour hautement appuyé » (L'amour appuyé est celui qui se passe de la condition du désamour ; l'amour par principe n'a autre condition qui ne saurait renforcer la vie de l'amour en soi). « L'amour est à l'avantage de l'amoureux qui se veut sérieux dans la démarche, si nous ne tombons pas amoureux de la mauvaise cause le plus généralement nous ne vivons pas le mauvais amour » (L'impact de l'amour est fonction de l'orientation de l'amoureux). « L'amoureux est ambitieux partout s'il souhaite pérenniser la vie de l'amour » (Le sacrifice ambitieux accompagne l'amoureux dans sa réalisation dans la vie). « Avec amour la bonté est un don de soi » (La bonté venant d'une volonté sincère est fait avec amour et selon le don de soi de l'acteur). « Même expérimenté on peut bien rater qu'on ait ou pas l'amour du métier » (L'amour et l'expérience n'excluent pas l'imperfection humaine qui ne nous permet pas de tout faire). « La connaissance de l'amour est fonction de la pertinence de l'amoureux, plus on est éclairé plus on est amoureux mieux l'on sait bien juger » (La réalité sur la qualité de l'amour découle de la pertinence du jugement de l'amoureux). « Même sérieux dans l'amour on peut ne pas être heureux » (L'amoureux peut-être sérieux sans forcément vivre heureux de l'amour). « L'amour c'est l'amour peu importe qu'il nous rende heureux ou malheureux » (L'amour reste l'amour peu importe sa nature). « C'est aussi et surtout amoureux qu'on est respecté : amoureux de la vérité ; accomplit pour sa dignité on est soldat de sa liberté » (L'amour de la vérité profite à l'épanouissement sincère de la dignité humaine). « Quand on ne déconseille pas de ne pas aimer nous ne conseillons pas non plus d'aimer pour se desservir » (L'amour pour une cause certaine est la voie indiquée pour l'assurance d'une vie meilleure). « Ce qui compte en amour est ce qui nous comble sans détour une fois sincère l'amour se soucie de la réserve le plus souvent » (L'amour certain se soucie moins de la réserve mais plutôt adopte une posture globaliste ou totalitaire dans l'action). « C'est après l'avoir bien pensé autrement dit après avoir aimé la bonne cause que nous serons récompensé par le bon résultat » (L'acquisition d'un résultat réconfortant dans le cadre de l'amour est fonction de l'orientation de l'amoureux d'une part). « Une chose est d'aimer une autre est de se faire aimer » (Dans l'amour aimer ne signifie forcément pas être aimé). « Plus on aime plus on se donne convaincu qu'on ne s'abandonne pas face à ce qu'on pense être utile pour notre existence ce qui traduit le fait que l'amour pour la mauvaise cause tout comme la mauvaise personne nous affaiblit sans défense après avoir fait don de notre confiance ainsi que la préférence qui s'en suit et cela à tort ; aimer d'accord mais s'éclairer d'abord » (L'amour demande utilement à l'individu de s'éclairer pour s'épanouir dans la vie). « Là où la vérité est aimé l'amour est justifié » (La justification certaine de l'amour passe par le canal de la vérité recommandée). « Quand le désamour comble le cœur c'est que l'amour trompe comme manière » (Non nécessaire le désamour remplace l'amour se distancier de la mauvaise cause c'est aussi et surtout se protéger dans la vie renforcer l'amour en soi). « Quand le désamour ne nous dit rien c'est que l'amour ne nous sert pareillement pas dans le cadre où on ne peut pas tout aimer à la fois tout comme détester tout à la fois cela dit l'amour pour une cause se renforce du dégout d'une autre le sens détermine la référence combinée à la préférence du cœur » (Donc aimer c'est détester tout comme détester c'est aimer selon les contextes de la vie la santé de l'amour et du désamour ainsi que la capacité de différenciation d'une cause de l'autre arrive par l'opposition des valeurs). « Militaire qu'on aime ou pas la guerre on ne la fuit pas pour l'échapper » (La guerre s'impose au militaire en toute sincérité). « L'amour ne peut pas ne pas compter partout où la vie signifie quelque chose pareillement au désamour car partout où l'existence signifie quelque chose de sensuelle l'amour et le désamour se contrediront » (L'amour et le désamour accompagnent la vie). « L'amour veut tout dire pour celui qui le pense bien pour ne pas se dédire, nullement l'amour pour la bonne cause ne fausse sa cible : instruisez-vous et puis aimez ainsi le choix du cœur et de la raison vous rendra meilleur dans la manière » (L'importance de la connaissance est accrue dans le renforcement de l'amour dans la vie humaine). « La connaissance de l'amour c'est aussi et surtout la connaissance de la vie, puisque l'amour se rapporte à la vie inutile de le juger à plus forte raison le comprendre sans pour autant connaitre la vie au préalable » (Le savoir global de la vie traduit l'importance de l'amour en son sein). « Pourquoi comptons nous sur le produit d'un amour tant qu'on ne fasse rien pour l'améliorer, il n'est pas de bon cœur de se faire amoureux par simulation car si l'on aime l'on se dépense, l'on contribue pour la pérennité de ce à quoi nous tenons » (L'amour sincère demande le don de soi en faisan la guerre pour l'amélioration de la cause que nous portions dans le cœur). « Le plus souvent là où l'on est compté sait qu'on est aimé » (Ceux qui nous aiment nous comptent). « La connaissance de l'amour s'opère à travers l'amour de la connaissance : aimez le savoir ainsi dans la vie vous sourirez la victoire » (La victoire est dans la vie qui aime le savoir s'instruit constamment en vue de gagner l'équilibre tant souhaité pour son épanouissement).

LA FIDELITE ET L'INFIDELITE

« Une fois tournée vers la maturité la fidélité est synonyme d'utilité » (Bien pensée la fidélité n'est pas sans utilité aucune). « La fidélité ne peut ne pas manquer d'utilité partout où elle se fait remarquer contre l'inutilité » (La fidélité qui s'épanouit dans le bon sens rassure avec évidence). « Soyons fidèles à la raison ainsi nous progresserons à travers la solution » (La solution nous accompagne dans une démarche certaine). « L'infidélité est une réalité cependant la réalité n'est pas qu'infidélité » (L'infidélité est une réalité mais toute la réalité ne réside pas dans l'infidélité). « Quand on espère bien prospérer il est mieux de s'opposer à l'infidélité qui ne nous est d'aucune utilité » (L'infidélité ne nous servant pas n'a pas droit de citer dans le cadre de la promotion certaine de l'intérêt humain). « Fidèles ou infidèles nous suivons nos raisons qui ne concordent forcément pas avec la raison » (Les raisons de la fidélité tout comme de l'infidélité s'opposent). « Quand on n'a pas intérêt à être fidèle certainement que nous situions l'intérêt dans l'infidélité, sans raison certaine l'infidélité n'est pas appropriée pour prospérer » (L'infidélité qui ne s'oppose pas sur une raison positive ne nous est d'aucune utilité). « Plus on est clair mieux l'on est fidèle à la réalité qui convient pour arriver à bout de ses aspirations : la fidélité à la réalité est aussi et surtout la maturité pour la personnalité une fois recherchée » (La fidélité à la réalité dans un cadre mature nous permet de bien réussir notre existence dans la stabilité). « Celui qui est fidèle à la vérité est fidèle à l'humanité de sa personnalité » (L'humanité de la personnalité s'accomplit partant d'une fidélité réussie). « Plus elle est réussie mieux est la fidélité car elle concorde avec l'humanité » (La fidélité certaine concorde avec la stabilité de l'humanité qu'on incarne). « Quand on aime on est fidèle » (L'amour sincère s'étaye par la fidélité). « Une fois fidèle on est lutteur pour la cause qui nous tient à cœur » (L'humain s'engage pour la cause qui lui tient à cœur). « Nullement le cœur à lui seul ne fait le fidèle mais mieux la manière, le repère » (L'orientation limitée du cœur de l'individu ne détermine à elle seule la direction de sa fidélité mais mieux la manière épousée par ce cœur qui l'anime). « La raison de la fidélité ne pas de l'être sans raison ainsi sans raison la fidélité engendre la désillusion » (L'illusion n'est pas un repère certain pour la fidélité humaine ainsi la raison certaine de la fidélité gagnante se résume à la fidélité dans la manière). « Ce sans quoi il n'y a pas de fidélité généralement c'est la confiance » (La confiance détermine la fidélité dans le temps et l'espace). « Le bien fidèle est bien utile » (La maturité est gage d'une fidélité éclairée). « Arriver à fidéliser les esprits demande d'abord de les offrir ce qu'ils ont besoin ; si l'intérêt fait la fidélité certainement qu'elle s'accroche à la satisfaction » (La fidélité s'accroche à la satisfaction du besoin humain le plus généralement positivement ou négativement). « Bien comprendre la vie c'est bien mesurée la fidélité en toute honnêteté » (La fidélité dans la maturité est une compréhension certaine de la vie). « Moins l'on est fidèle plus l'on se libère parlant de la non fidélité à l'immaturité comportementale donc l'humain avisé conçoit son futur en se rendant fidèle de bonnes actions » (La fidélité à la bonne action nous permet de bien s'épanouir dans sa quête). « Le plus souvent c'est bien fidèle qu'on devienne meilleur » (L'individu fidèle renforce sa capacité en persévérant dans sa dynamique d'une part). « Le combat de la réussite est aussi et surtout celui de la fidélité » (La réussite demande la fidélité dans la manière). « Les preuves et les épreuves rendent fidèles ou infidèles au gré de circonstances » (Partant de circonstances avec les épreuves et les preuves nous devenons fidèles ou infidèles). « La fidélité à la réalité c'est la fidélité à sa personnalité » (La maturité de la réalité rehausse la grandeur de la personnalité). « Bien fidèle on est ponctuel » (La fidélité appelle à la ponctualité). « La fidélité qui nous sert au mieux appelle à s'éclairer pour s'éveiller » (La clarté renforce la fidélité dans la vie). « La fidélité ne manque pas d'utilité pour celui qui la situe dans la juste maturité » (La fidélité partant de l'assise de la maturité nous renforce dans la démarche). « En toute fidélité ce qui nous empêche de travailler c'est ce qui nous empêche de réussir » (La chose qui empêche de travailler nous empêche de réussir pareillement). « La fidélité à la brutalité n'a point d'utilité pour l'individu » (La brutalité dans la manière n'est pas utile pour l'humain dans la vie). « La fidélité à l'humanité c'est la fidélité à la réussite » (La réussite est dans la fidélité à l'humanité). « Soyons fidèles à la raison ainsi nous réussirons sans désillusion » (La désillusion n'est pas dans la réussite qui s'opère dans l'humanisme). « La fidélité à la maturité c'est l'importance dans l'existence » (L'importance dans l'existence est liée à la maturité dans la vie). « L'importance c'est le sens ainsi la fidélité détermine l'espérance dans l'existence en nous procurant la suffisance dans la cadence » (La cadence est dans la suffisance intellectuelle humaine). « Le combat de tous les jours recommande la fidélité sans détour à la réalisation de nos désirs pourvu qu'on soit sûr de notre démarche » (La sûreté dans la démarche nous permet de bien se tenir et s'entretenir). « L'espoir de tous les dangers ne s'oppose nullement à aucun danger raison pour laquelle la fidélité à l'illusion dans la conduite engendre la perte de l'individu » (L'espoir est dans la fidélité si nous le pensons utilement). « La fidélité est méritée partout où le mérite est éclairé » (Le mérite de la fidélité est un mérite certain pour celui qui s'assume bien la concernant). « En réalité partout où nous nous fidélisons au bien, nous combattons le mal » (Le combat qui nous rend fidèle au bien s'oppose au mal pour qu'on s'épanouisse). « La fidélité à l'immaturité c'est aussi et surtout celle à la difficulté car nous ne saurons-nous faciliter la vie en l'ignorant dans l'avis » (L'ignorance ne profite pas à une intelligence intellectuelle de l'humain dans le temps et l'espace). « Le combat de l'infidélité se joue contre la fidélité, quand la fidélité nous dérange on s'arrange aux côtés de l'infidélité » (A l'opposer de la fidélité se trouve l'infidélité c'est partant de nos démarches que nous parvenions à faire la part des choses). « On peut se fidéliser puis espérer après bien avoir raisonné » (La fidélité à la raison permet à l'humain de bien tirer profit de son engagement).

LA COMPREHENSION ET L'INCOMPREHENSION

« Défendre d'accord mais comprendre d'abord » (Bien après la compréhension la défense est utile de la part de l'individu). « Ce qui est digne d'intérêt est utile à comprendre » (La compréhension atteste également d'une part l'intérêt qu'on accorde à quelque chose). « Plus c'est précis mieux c'est compris » (La précision atteste la compréhension). « A chaque compréhension sa concentration ; pour comprendre différemment il faut se concentrer différemment : la différence dans la compréhension est aussi et surtout fonction de la différence dans la concentration » (La concentration fait la compréhension dans son orientation). « Celui qui tient fermement à comprendre plutôt qu'à se faire comprendre tente généralement à abuser de la confiance de ses prochains » (Voulant tromper son prochain nous œuvrons à comprendre plutôt qu'à nous faire comprendre). « Etre compris et être précis ça fait deux, pareillement être compris et être suivi font deux » (La compréhension ne traduit forcément pas le suivi tout comme même ignorant nous sommes compris pat autrui que soi dans la mesure du possible). « Si l'appréhension est une chose la compréhension en est une autre, pareillement si la compréhension est une chose la raison et la déraison en est une autre, c'est seulement en arrivant à faire la part des choses que nous tirions bien profit de la compréhension » (La compréhension est un état de fait tout comme la santé qui peut être bon ou pas donc la bonne compréhension est différente de l'incompréhension). « N'avoir pas la compréhension ne signifie forcément pas n'avoir pas l'intention » (La compréhension n'est exclusivement pas liée à l'absence d'intention car même après s'être engagé fermement on peut ne pas avoir la compréhension aussi facilement ou au grand jamais d'une part). « Celui qui a le temps de bien comprendre peut mieux entreprendre dans la vie » (La bonne compréhension nous aide à entreprendre facilement dans la vie si nous nous orientons bien partant de l'effet de la compréhension). « Après avoir comprendre ainsi on peut bien s'entendre ou pas autour d'une cause quelconque, la précision est la porte de la compréhension également la compréhension illumine l'orientation » (Partout où nous voulons un résultat salutaire par rapport à notre développement il faut-être rationnel dans son raisonnement). « On peut se mentir sur la compréhension cependant on ne peut pas mentir à la compréhension pour qu'on se rassure il faudrait qu'on soit d'abord sûr » (La lucidité dans la manière d'être nous permet de ne pas se mentir soi-même car on peut se tromper dans sa compréhension cependant on ne peut pas tromper la bonne compréhension). « La connaissance est l'appui élémentaire à la compréhension humaine dans le temps et l'espace nullement on ne saurait dépasser de vue en terme de compréhension la limite de notre compréhension » (Notre compréhension est fonction de notre considération de la précision dans la vie). « Le combat contre l'incompréhension est le contrat de la compréhension tenant à la solution nous contractons pour bien comprendre les choses de la vie » (La compréhension est un juste combat qui s'oppose à l'incompréhension dans la vie). « Quand la vérité est comprise certainement que la compréhension est bien certaine, rien qu'avec la vérité nous réussissons la compréhension en réalité » (La vérité est l'élan nous permettant de réussir au juste notre compréhension dans la vie). « Pour ne pas manquer de solution tachons à ne pas manquer de compréhension car la compréhension éclairée détermine la solution réelle » (La solution réelle est dans la compréhension avisée). « Mieux c'est compris mieux l'on s'oriente » (L'on s'oriente partant de la compréhension ordonnée des choses). « Quand la compréhension ne nous arrange pas on abuse dans l'incompréhension : le plus souvent c'est dans la mal intention que nous profitions de la confusion » (On abuse de l'incompréhension en fuyant la compréhension). « C'est bien d'apprendre pour mieux entreprendre dans sa compréhension, la compréhension se bâtit sur une compréhension assez logique de la structure de la connaissance : impliquez-vous pour bien apprendre ainsi vous comprendrez » (Nous comprenons à l'issu d'une compréhension certaine dans la vie). « Partout où on n'abandonne pas la précision on n'abandonne pas la compréhension » (La compréhension précise est dans la précision).

LE TRAVAIL ET LE CHOMAGE

« Travailleur, on ne s'impose pas en réalité en s'opposant à la réalité » (L'opposition à la réalité par l'individu ne lui permet pas de réussir son travail). « Le travailleur sait que faire quand il ne travaille pas pour rien ; la précision dans l'effort fait vivement le fort » (La précision renforce l'effort humain en terme de force). « Travailler est le combat de la vie et non pas le combat d'une vie » (Le travail est utile à jamais pour promouvoir le développement de l'humain). « Celui qui compte sur la réussite ne peut pas ne pas compter sur le travail » (Le travail appuie la réussite). « Rien qu'à partir du travail on fait fuir la misère, le travail est une guerre qui convient justement contre la misère de la vie » (La misère de la vie est entretenue par le chômage). « De bon gage contre le chômage nous permet de détruire au mieux les blocages » (Le chômage est vaincu par le bon gage de la raison). « Le travail nécessite l'éveil, l'éveil de conscience détermine l'essor du travail » (Le travail détermine l'éveil de conscience). « On ne fuit pas le travail si l'on souhaite réussir dans sa fuite » (La réussite de la fuite nous ne l'opérons pas en fuyant le travail). « En fuyant le travail on fuit l'indépendance avec » (L'indépendance est dans le travail certain). « Quand c'est clé c'est que c'est bien travaillé » (Tout de clé est bien travaillé dans la vie). « A tout éveil son travail, à tout travail son éveil » (Le travail conforte l'éveil, l'éveil découle du travail). « Une fois travailleur on livre la guerre : n'importe les multiples sacrifices qu'il recommande le travail ne se passe pas de l'engagement, le travailleur est un guerrier de ce fait » (Le travailleur est un guerrier dans la mesure où il déploie l'effort pour notre salut). « Travailler d'accord mais s'éclairer d'abord ; seulement c'est bien éclairé que le travail fait dignement rêver » (La réalisation de résultats satisfaisants comme produit du travail demande à ce qu'il soit bien pensé). « Quand il se préserve de l'erreur, le travailleur n'est pas retardateur » (Bien éclairé le travail assure l'avancée certaine). « Celui qui n'a pas peur du travail peut bien espérer sur le mérite d'être vainqueur : juste vainqueur on est travailleur » (Le travailleur est vainqueur dans sa démarche). « On ne déclare pas la guerre au travail mais plutôt avec pour contenir le fléau du chômage » (La possibilité pour l'humain de contenir le fléau du chômage ne lui demande pas de déclarer la guerre au travail mais plutôt de travailler pour contenir les vices du chômage). « Chômeur le plus souvent on s'éloigne de tout honneur, du bonheur avec ; le chômage est une souffrance pour l'humain consciencieux qu'il suffise de ne pas travailler pour le comprendre ainsi offrir du travail à autrui c'est l'aider à ne pas être un fardeau ni pour soi ni pour autrui c'est donc contribuer au renforcement de la cohésion sociale à travers la volonté de la vulgarisation de l'épanouissement collectif : partout où il y a moins de chômage il y a moins de pauvreté nous assistons généralement à la stabilité sociale » (La stabilité sociale dans la vie découle du fait qu'on œuvre afin qu'il ait moins de chômage). « Le chômeur d'un jour peut bel et bien être le travailleur d'un autre donc avec l'alternance des jours de circonstances de réalités, des centres d'intérêts des individus avec la persévérance doit-être de mise pour accompagner la stabilité professionnelle du travailleur ; cela dit avoir un travail ne nous garantit pas tout dans la vie, mieux nous devons œuvrer à renforcer la durabilité du travail en question pour que nous le profitions aussi longtemps qu'il nous sera utile » (Le profit du travail nous l'obtenons dans son amélioration constante il faut le soigner ainsi déceler ces failles voir si utiles l'apporter une dynamique de réorientation pour toujours faire une mise à jour en constante évolution avec les préoccupations des uns des autres). « Le travailleur qui se préoccupe contre le chômage se préoccupe à juste titre » (La préoccupation à juste titre de l'individu pour le travail lui permet d'atteindre l'essor dans sa vie). « On ne peut ne pas avoir de travail à faire même si on peut ne pas connaitre son travail à faire ou ne pas vouloir le faire » (Ignorer son travail à faire tout comme ne pas vouloir le faire ne veut nullement pas dire que nous sommes exempt de tout travail à faire). « Celui qui est fasciné par le travail est bien ambitionné pour l'essor » (L'humain passionné par le travail, est bien engagé pour l'essor si toutefois il raisonne avant d'œuvrer). « C'est étonnant qu'on puisse combattre pour ne pas travailler si toutefois si nous sommes éclairés si nous ne tirons pas profit du chômage de la manière que nous en faisions pour le travail c'est que certainement nous devons travailler pour nous libérer » (Il convient de travailler pour se libérer de la part de l'individu éclairé sachant que le travail et le chômage n'ont pas la même valeur). « Face au travailleur, le travail ne fait pas peur » (Le travail ne fait pas peur face au travailleur, son courage l'aide à surmonter la peur du travail). « Travailleur on ne peut ne pas aimer la sueur ainsi que la rigueur pour réussir dans sa manière » (Le travailleur qui réussit dans sa manière épouse la valeur de la rigueur, de la sueur avec). « Le travail à défaut d'élever n'abaisse nullement pas » (Le travail élève l'humain nullement ne l'abaisse). « Le travail appui l'espérance dans l'existence cela dit on ne peut ne pas espérer tout en n'ayant pas confiance au travail » (La confiance au travail fait la suffisance de l'espérance humaine). « Aussi longtemps que le travail sera utile le repos en sera pour le conforter » (Le travail et le repos vont ensemble). « Celui qui nous conseille le travail nous conseille la réussite » (Le travail est un appel à la réussite de la part de l'individu). « Le travail n'est souvent pas sans difficulté cela est bien compréhensible c'est parce qu'il s'oppose à la difficulté » (Le travail s'opposant à la difficulté n'est pas sans difficulté dans sa démarche le plus souvent car il nous faut user du sacrifice pour bien l'accomplir). « Quand le travail fait réussir c'est parce qu'il s'oppose à ce qui ne peut que nous nuire » (Le travail ne nous nuit pas lorsqu'il s'oppose à ce qui nous nuit). « Quand le travail fait mal c'est aussi et surtout parce qu'il s'oppose au mal : voulant se préserver du chômage le travail est bien requis pour l'individu pour s'épanouir » (Le travail sincère est bien requis pour promouvoir l'épanouissement humain partant du sacrifice du travailleur). « Combattre le chômage c'est croire au travail et cela partant de l'apport du savoir » (Le savoir est l'effort certain qui nous permet de combattre le chômage). « L'important est de travailler pour prospérer, celui qui n'apprécie pas le travail en sa juste valeur peine à renforcer sa vie car la dignité humaine est d'une part liée à l'importance que nous apportions au travail » (L'importance accordée au travail par l'individu détermine également la grandeur de sa personnalité).

LA PAIX ET LA GUERRE

« A chaque relation sa préoccupation » (L'interaction se passe autour de la préoccupation dans la vie humaine). « Quand on est prêt à se trahir on peut bien se haïr » (La trahison traduit l'hostilité existante entre les humains). « Combattre est une question d'honneur pour celui qui ne souhaite pas se faire abattre ; si notre personnalité nous dit au moins quelque chose en terme de mérite alors nous devons nous engager pour la faire valoir notre dignité » (L'honneur est dans la guerre utile de la part de l'humain dans la vie). « N'importe qu'elle soit claire ou pas, quand on a un cœur c'est qu'on a sa guerre » (La guerre nous l'opérons en ayant un cœur positivement ou négativement). « La peur de la guerre n'arrive pas à bout de la guerre de la peur : quand la menace fait peur, c'est face au peureux » (Le courage de faire face à sa responsabilité nous permet de prendre le dessus sur la peur des défis dans la mesure du possible). « On n'a jamais raison de déclarer la guerre à la raison » (La déclaration de la guerre à la raison ne nous donne pas raison car c'est une guerre intelligente). « Plus elle est intelligente mieux elle est gagnante, la guerre bien réfléchie nous rassure juste par rapport à la voie du développement : dans la confrontation pour que le raisonnement suffise comme argument il doit nécessairement s'éloigner de tout déraisonnement dans la démarche » (La guerre intelligente rassure suffisamment l'humain). « Celui qui s'arrange pour ne pas s'arranger, se fait la guerre et non ne fait pas sa guerre, moins la guerre est intelligente plus on s'enlise avec, plus elle est intelligente plus elle nous libère » (La guerre intelligente nous libère tandis que celle inintelligente nous enfonce). « Ce n'est jamais intelligent de s'opposer à la guerre qui s'oppose l'intelligence » (La guerre s'opposant à l'intelligence n'est pas conseillée pour prospérer). « La guerre de tous les dangers est la guerre qui ne s'oppose à aucun danger, c'est seulement éclairée que la guerre fait prospérer tout en rendant heureux ; l'enjeu fait la guerre, imaginons une guerre sans enjeu à quoi servira-t-elle ? » (La guerre suit l'enjeu dans la vie ainsi une guerre sans enjeu ne sert à rien). « A défaut de s'empêcher de faire la guerre ne faisons pas la guerre pour s'empêcher ainsi intelligemment faisons notre guerre et non ne nous faisons pas la guerre » (L'intelligence réside dans le fait pour l'individu d'opérer à faire sa guerre et non pas à se faire la guerre). « Certes on peut ne pas connaitre sa guerre cependant on ne peut ne pas connaitre la guerre » (Dans la vie on peut se tromper de guerre sans qu'on ne cesse d'agir et de réagir positivement ou négativement en faisant la guerre). « Pour faire la paix ayons la maitrise de la guerre, pour avoir la maitrise de la guerre ayons la maitrise de soi cela dit la paix la plus utile est le produit de la guerre la plus utilement pensée donc la maitrise de soi est la franchise qui rapporte plus dans la vie humaine » (La possibilité de s'auto-maitriser de la part de l'individu lui permet de bien s'épanouir dans sa démarche de la part de l'individu donc nous comprenons que la sagesse conduise à la paix durablement méritée). « Plus que de croire à la paix nous devons le savoir cheminer vers la voie qui mène à la réalisation de la paix en plus de l'espérance nourrit pour son exécution nous permet de la matérialiser » (La paix nous la matérialisons en se comprenant soi-même). « Quand la paix ne nous arrange pas on s'arrange à faire la guerre, de la paix à la guerre la justice et l'injustice déterminent la préférence de l'individu » (La préférence de l'individu en terme de position est déterminée par la justice et l'injustice dans son orientation). « Si une chose est de faire la paix une autre est d'accepter la paix » (L'acceptation de la paix accompagne sa bonne réalisation en plus du simple mot). « L'arbre de la paix se nourrit de l'ordre de la justice » (La justice fait la paix). « Une chose est de vouloir la guerre une autre est de le savoir : dès lors que le vouloir précède le savoir souvent on se retrouve dans de surprises désagréables » (La bonne connaissance de la guerre est utile en vue de la matérialiser à travers la raison). « Quand la guerre fait peur c'est que la peur ne fait pas la guerre » (La réussite d'une guerre utile demande de se passer de la peur au mieux). « Erreur n'est pas de faire la guerre, mais ne pas faire sa guerre oui » (Il convient qu'on fasse notre guerre pour qu'elle ne soit pas erronée). « Celui qui tient à la paix ne peut ne pas tenir à la justice car justice il n'y a pas de paix » (La justice est le socle de la paix dans la vie). « Aussi longtemps que nous vivrons on aura besoin de la paix pour s'améliorer au mieux ;

cultiver la maturité en soi est une qualité hautement méritée de la part de la personnalité pour gagner la paix dans la vie » (Dans la vie nous gagnons la paix en cultivant la raison en soi du jour le jour). « La paix ne peut ne pas être une chance pour celui qui ne la conçoit pas à son désavantage » (La paix n'est pas au désavantage de celui qui conçoit la paix selon la raison). « Autant la paix n'est pas sans raison, également elle a généralement raison pourvu qu'elle concorde avec la précision » (La solution est dans la paix qui s'opère dans la juste précision). « Si la paix ne nous dit rien, c'est que la vie ne nous dit rien car la stabilité d'une vie est fonction du degré d'implication du vivant en faveur de la paix » (La paix est utile dans la stabilité d'une vie). « L'autorité c'est la priorité pour que la paix soit dans la vie, une vie pacifique et salutaire est le produit d'une lutte acharnée contre les vices de conduite que nous vivant connaissions mais nourrissons la volonté de ne pas entretenir » (L'autorité renforce la résilience de l'individu pour gagner la paix). « Il n'y a pas de mauvais temps pour combattre dans la mesure où la vie est une guerre sachons quel combat mener à quelle circonstance de la vie » (La connaissance intelligente par l'individu du combat à mener selon les circonstances de la vie lui permet de bien valoriser sa vie sans pour autant se faire surprendre par les soucis d'une guerre inutile). « Plus la guerre nous rapporte plus elle concorde avec la raison, c'est seulement éclairée que la guerre est bien spécifiée : mieux l'on s'enseigne sur l'engagement à faire selon les circonstances plus nous prenons de l'avantage dans l'exécution de notre planning guerrier, l'intelligence est sans quoi il n'y a pas de suffisance » (La suffisance est dans l'intelligence dans l'exécution d'une guerre). « Une guerre réussie est une guerre bien réfléchie, la guerre des pieds n'est nullement pas légale de la guerre de la tête » (La guerre de la tête est opposée à celle des pieds cela dit là où la tête fait prospérer les pieds font reculer). « La guerre de la connaissance c'est face à l'ignorance qu'elle se mène » (La guerre intellectuelle se veut certaine dans la démarche à la différence de celle ignorante).

Printed by Books on Demand GmbH, Norderstedt / Germany